反日・反米・親中権力

オール沖縄 崩壊の真実

八重山日報論説主幹

仲新城誠

JN189769

まえがき

「政府が沖縄県民の民意を強権的に抑え込み、辺野古の美しい海を埋め立て、戦争のための新基地を建設しようとしている」

米軍普天間飛行場(沖縄県宜野湾市)の名護市辺野古移設を巡り、全国に広く流布するこうしたイメージは、神話である。政治的な目的のために作り上げられたストーリーなのだ。

私は石垣島に本社を置く「八重山日報」という小さな新聞社で25年間、記者のキャリアを積んだ。特にこの10年間は「オール沖縄」と呼ばれる県政が辺野古移設に関する非現実的な政策で、沖縄振興はもとより日本の安全保障にも深刻な影響を及ぼしている状況を、沖縄の中から取材してきた。

「オール沖縄」とは、辺野古移設阻止のため、保守、革新支持層が一丸となって作り上げた政治勢力だ。生みの親は2014年に知事に就任した翁長雄志である。「オール沖縄」県政は在任中に死去した翁長から玉城デニーに受け継がれ、現在に至っている。

それは、辺野古移設という日本政府の外交・安全保障政策に反対することを県政運営の主目的に据えた、極めて特異な地方権力だ。実態はずばり「反基地イデオロギー県政」である。

国と鋭く対立する「オール沖縄」は全国的に多くの注目を浴び、辺野古移設や県政に関する報道、論考のたぐいは至るところに氾濫していると言っていい。しかし、そのほとんどが、私が冒頭に紹介した「神話」を鵜呑みにして論を進めている。

それもそのはずで、「オール沖縄」に関する県内からの発信というのは「神話」の作り手である沖縄メディアからのものがほとんどなのだ。県外の人たちも、沖縄メディアの情報を前提に現状を分析するから「オール沖縄」に同情的な論調にしかなり得ない。

仮に沖縄の外から「オール沖縄」に批判的なことを言っても、沖縄が地理的、歴史的に複雑な事情を抱えた地域だけに「ウチナーンチュ（沖縄人）の心を知らない人間が何を言うか」と素通りされたり、酷いときは「沖縄ヘイト」と一刀両断されたりする。

結局のところ「オール沖縄」の問題点を明確にするには、沖縄県民、それも生まれも育ちも沖縄という私のような「生粋の沖縄人」による内部告発しかない、と決意した。

この10年間の独自取材の積み重ねから「オール沖縄とは何か」「オール沖縄の主張は本当か」「どのようにオール沖縄は県政を支配するに至ったのか」「そもそも、オール沖縄はなぜ生まれたのか」

というさまざまな疑問に、自分なりに答えたいという野心を抱いた。

なお、辺野古移設に反対する保革共同体としての「オール沖縄」は現時点で、もはや存在していない。プロパガンダ用語とも言えるこの言葉を使用するのも本来は不適切なのだが、沖縄では10年にわたって使用され、定着している名称でもある。以下、辺野古移設に反対する政治勢力のことを、あくまで固有名詞として「オール沖縄」と呼称する。

目次

写真提供　産経新聞社、八重山日報社
装幀・DTP　ユリデザイン

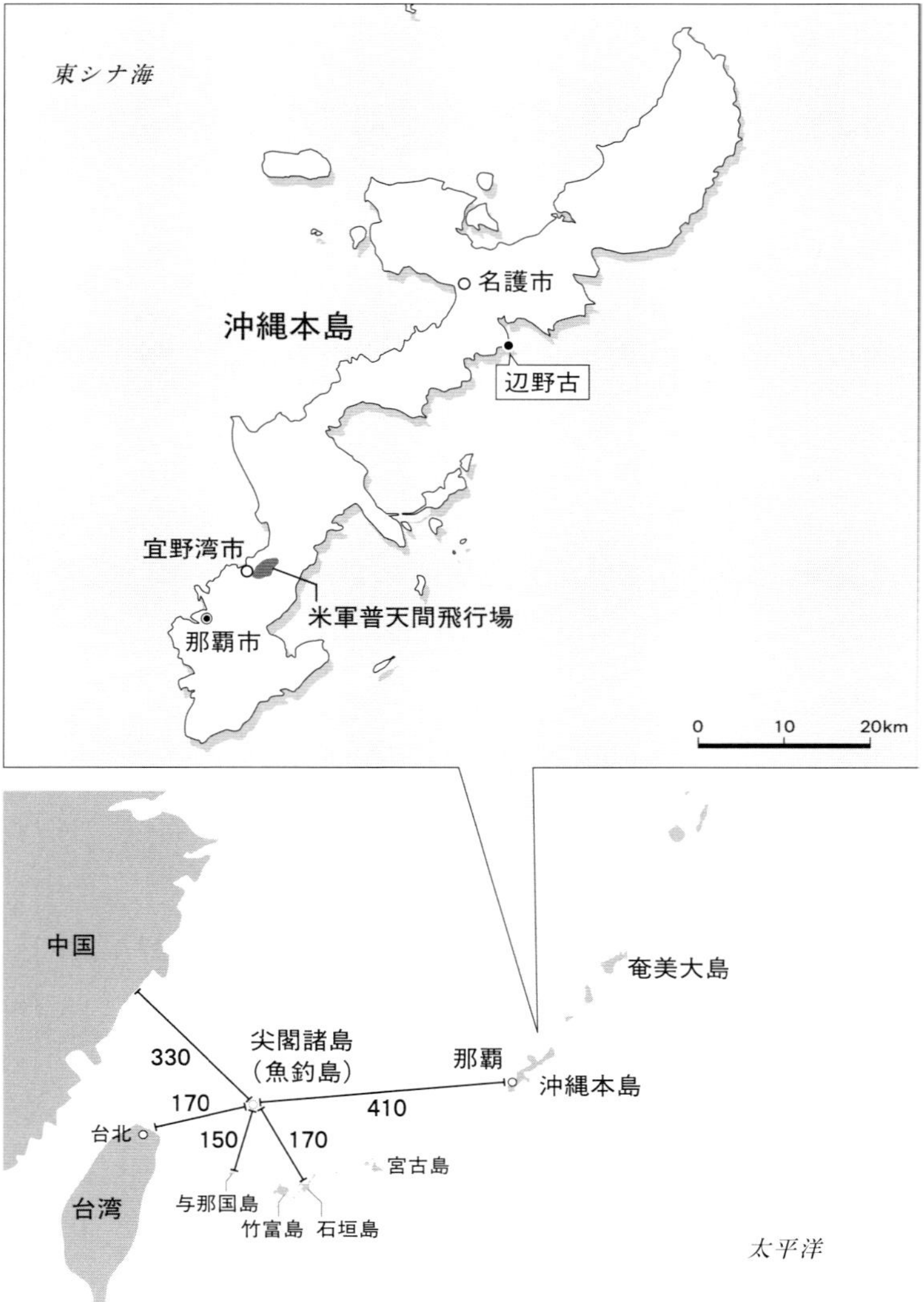

※各島・大陸間の距離は、キロメートル

★普天間飛行場移設を巡る関連年表

1995年 9月	沖縄米兵3人が少女を暴行。普天間基地の返還要求運動が起きる
1996年 4月	橋本龍太郎首相とモンデール駐日大使が普天間飛行場の5～7年以内の全面返還を発表
2009年12月	鳩山由紀夫首相が辺野古移設以外の案を本格検討すると表明
2010年 5月	鳩山首相が沖縄県内移設回帰を表明。同月、日米両政府が普天間の移設先を「キャンプ・シュワブの名護市辺野古崎地区と隣接する水域」と発表。6月、鳩山首相が引責辞任
2013年12月	仲井真弘多知事が辺野古移設のための国の埋め立てを承認
2014年11月	知事選で仲井真が敗れ、移設反対派の翁長雄志が当選。辺野古移設を巡り国と法廷闘争を繰り広げる
2015年12月	辺野古「新基地建設」反対などを掲げる「オール沖縄会議」発足
2018年 8月	翁長知事が死去
9月	玉城デニーが知事選で初当選し、翁長路線を踏襲
12月	防衛省が辺野古沿岸部に埋め立て土砂の投入を開始
2019年 2月	辺野古移設を巡る県民投票が行われ、反対が7割超に
2020年 4月	防衛省は軟弱地盤改良に向け県に設計変更を申請
2021年11月	県は設計変更の不承認を通知
2022年 4月	国土交通相は「県の判断は違法かつ不当」として不承認を取り消した上で、県に対し設計変更を承認するよう勧告
8月	県は「違法な国の関与の取り消し訴訟」を提起
9月	玉城が知事選で再選される
2023年 9月	最高裁で県の敗訴が確定
2024年 6月	辺野古移設反対運動の現場で、土砂搬入に抗議していた女性と警備員の男性がダンプカーにひかれる事故があり、男性が死亡、女性は重傷

※肩書は当時のもの

本書は、月刊誌「正論」や夕刊フジへの寄稿などに大幅加筆し再構成したものです。

第一章　法治国家を崩壊させる沖縄県政

最高裁判決を公然と無視

県政トップである知事が「反基地」の旗印を正義のごとく振りかざし、最高裁判決を公然と無視する――。法治国家の崩壊につながりかねない異常事態が２０２３年、沖縄で起きた。

「判決は、地方自治体の主体的な判断を無にするものだ」

米軍普天間飛行場を名護市辺野古に移設する計画を阻止するため、国を提訴していた沖縄県の玉城デニー知事。最高裁での敗訴が決まり、９月４日、県庁で報道陣の前に姿を現した。

硬い表情で「（辺野古移設反対は）選挙で公約として訴えたことだ。これからもぶれずに頑張っていきたい」と述べた。司法判断に従わない考えを示唆したのだ。

防衛省は２０１８年12月から、普天間飛行場の移設先である辺野古沿岸で土砂投入を開始したが、現地で軟弱地盤の存在が判明。地盤改良のため、２０２０年４月、県に設計変更を申請した。

県の承認が得られなければ、防衛省は地盤改良工事に着手できず、移設工事は頓挫してしまう。だが設計変更申請は１年７カ月近く棚ざらしにされた。

県は２０２１年11月、防衛省に対し、ついに設計変更申請の「不承認」を通知した。理由として、辺野古移設は「米軍普天間飛行場の危険性の早期除去」にはつながらないと主張。地盤改良工事に

翁長雄志前知事を引き継いだ玉城デニー知事

は「合理性があるとは認められない」と突き放した。地盤改良工事が技術的にも困難で、代替施設の運用開始まで10年以上かかることも不承認の理由とした。

普天間飛行場の辺野古移設は、国が米国との約束に基づいて進めている事業でもある。知事の抵抗は沖縄の問題という枠にとどまらず、必然的に日本の安全保障、外交にも影響してくる。

県の不承認決定に対し、防衛省は「行政権の著しい乱用だ」として斉藤鉄夫国土交通相に審査請求を行った。斉藤国交相は2022年4月、「県の判断は違法かつ不当」と判断し、不承認を取り消した上で県に対し、設計変更を承認するよう勧告した。

県は反発した。移設工事を進める政府機関自らが県の不承認を審査し、取り消すのは「自作自演、結論ありきで公正さに欠ける」と反論。8月、「違法な国の関与の取り消し訴訟」を提起した。訴訟は最高裁までもつれ、2023年9月4日、判決が下った。

最高裁は、国交相の裁決が出たのに、県が同一の理由で承認を拒み続けるのは「地方自治法に違反する」と指摘した。

経緯の説明が長くなったが、これが冒頭の判決である。玉城はこの時点で、申請を承認する法的義務を負った。法治国家のもとにある「普通」の地方公共団体であるなら、粛々と判決に従い、防衛省の設計変更申請を承認するはずだった。

泥沼化した国vs.県の法廷闘争

2024年6月までに、辺野古移設に絡む国と県の訴訟は14件に上る。

訴訟には県民の血税が投入されている。県紙「沖縄タイムス」によると2023年10月の県議会で溜政仁知事公室長は、訴訟費用が総額2億4275万9475円になると明らかにした。

国と県の法廷闘争は、2025年1月ですべて終結。和解と取り下げが4件で、ほかはすべて県が敗訴した。辺野古を巡る訴訟のうち、最も知られているのは2015年、当時の翁長雄志知事が仲井真弘多前知事による辺野古沿岸の埋め立て承認を取り消したことを巡る裁判だ。

国土交通相が県の「取り消し」行為を取り消し、県はこれを違法として法廷闘争に突入。2016年の最高裁判決で県の敗訴が確定した。

県は辺野古移設に抵抗する戦いを、本来、この時点で幕引きすべきだった。翁長知事が辺野古移設反対を政策の柱に掲げて当選したのは事実だが、司法の判断が出た以上「これで翁長知事の戦いは終わった」と受け止めた県民もいた。

しかし翁長は「民意」を盾に、なおも移設反対の姿勢を堅持。辺野古を巡る国との闘いは泥沼化していく。玉城も翁長のバトンを引き継ぎ、ひたすら「茨《いばら》の道」を突き進んだ。

辺野古沿岸の埋め立てを巡り、国交省は２０２３年10月４日を期限として、県に設計変更申請を承認するよう通知した。玉城に「司法判断に従わない」という選択肢は本来ないのだから、粛々と申請を承認すべきだった。

だが玉城は、国交省が定めた期限ぎりぎりまで回答せず「対応を検討している」と繰り返した。一体、何を検討する必要があるのだろうか。行政とは法に基づいて執行される。法の執行を最終的に解釈する最高裁判決に従わないなら「沖縄県は法治国家に属しない」と宣言するに等しい。それは行政の自己否定ではないか。

しかし、県内主要メディアは承認を拒み続ける玉城知事を援護した。

県紙「琉球新報」は最高裁判決について「県民投票、県知事選、各種世論調査などで繰り返し示されてきた辺野古反対の民意を切って捨てるような3千字に満たない判決からは、法理によって問題の解決を求めようという『法の番人』としての気概さえ感じられない」と酷評。一方、玉城知事に対しては「行政の長としての立場と民意を受けた政治家の立場との狭間で苦悩している」と同情を込めて胸中を慮った。

だが繰り返すが、知事には本来、申請を承認しないという選択肢はない。それは違法だからである。しかし県内主要メディアの報道では「承認する」「承認しない」という二者択一を迫られる玉城が「生か死か、それが問題だ」と哲学的な問いに思い悩むハムレットのように描写されている。いわば、報道機関が率先して「違法行為も正当な選択肢として存在している」ように見せかけ、県民をミスリードしていたのだ。

「オール沖縄」県政をアシストし、事実上の「宣伝戦」を担う沖縄メディアの報道ぶりには、今後もたびたび触れることになるだろう。県政と沖縄メディアが二人三脚で世論形成に影響を及ぼし、選挙結果を左右するという構図が、沖縄ではすっかり定着しているからだ。

移設阻止へ違法行為も辞さず

国が示した承認の期限である10月4日が迫る中、県議会で玉城知事を支える共産党、社民党などの与党議員24人は、知事に面会し、申請を承認しないよう訴えた。

関係者によると、知事に助言している県職員の間では、法を順守する公務員として申請を承認するよう求める意見が多数だったという。だが玉城が設計変更を承認すれば、支持者の反発に遭い、辞職を要求される可能性が高い。

玉城は現在2期目である。だが、ここで法を守ることを選択すれば支持者の離反は間違いなく、3期目はない。皮肉にも法を無視することで、続投の可能性が見えてくるのだ。正しい決断をすれば職を追われるなんて、本来おかしな話ではないか。私は「知事は必ず保身を優先し、支持者に配慮して最高裁判決を無視するはずだ」と考えていた。

知事が悪人だからではない。後述するが「オール沖縄」そのものが、もともと政治家たちの保身を目的に誕生した勢力だからである。法のために自己を犠牲にするなどという崇高な精神は「オール沖縄」なるものの本質から大きく外れているのだ。

予想通り、玉城は10月4日、斉藤国交相に対し「期限までに承認するのは困難」と回答し、事実上、承認を拒否した。

設計変更申請の承認は、最高裁判決に基づく法的義務だ。法的義務を拒否して、法治国家の首長と言えるのだろうか。

要するに承認を拒否することは、辺野古移設反対運動の象徴的存在である知事が「移設に反対するためなら、違法行為も辞さない」と意思表明したに等しい。

「オール沖縄」勢力による移設反対運動の本質が、法や理性を踏み越えた「反基地イデオロギー」の発露にほかならないことを、自ら浮き彫りにしてしまったわけだ。

玉城は強権に立ち向かう「殉教者」か

１９９６年に日米両政府が普天間飛行場の返還で合意して以来、沖縄は30年近く同飛行場の移設問題に翻弄されてきた。現在、県内移設反対を掲げる「オール沖縄」勢力が県政を牛耳っているが、一方で県内11市の多くは移設を容認する自民党系の市長で占められている。県民の民意は、言われるほど一定ではない。

知事が設計変更申請を承認し、辺野古移設容認に転じていれば、反基地イデオロギーに染まったメディアや活動家は激しく県を批判しただろう。だがそれも覚悟の上で、玉城は後世の審判に耐える決断に踏み切るべきだったのだ。

だが「司法判断を無視する」という玉城の決断に対し、県紙２紙は完全擁護の姿勢を示した。沖縄タイムスは「ネットではここぞとばかりに『沖縄ヘイト』『知事バッシング』が増えるのではないか」と知事を批判する保守勢力を皮肉った上で「沖縄の『自治と尊厳』を守ろうとした知事の判断を、全国に向けた問題提起と受け止めたい」と知事の「熱烈支持」を表明した。

琉球新報は、県民が集会などを通じ、辺野古移設反対を「平和的に訴えてきた」とした上で、沖縄に背を向け続けた政府と「どちらが民主主義に沿った態度であるかは明白であろう」と最高裁判決を糾弾した。

沖縄メディアの宣伝によって、玉城は政府や司法の強権に立ち向かう「殉教者」に一変した。こうした報道に日常的に接している県民は、普天間飛行場を辺野古に移設しようとする政府が、沖縄に対し、何やら巨大な不正義を働こうとしているような先入観を抱かざるを得ない。

沖縄は県政も言論界も「反基地」のためなら法さえ無視するモラルハザードの状態に陥った。ここまで来ると、もはや法治国家の自治体とは呼びづらい。行政が自ら法を破りながら、県民に対して法の順守を求めるなど茶番ではないか。玉城県政は統治の正当性を失いつつある、というのが、県民の一人としての偽らざる実感だった。

「先が見通せぬ」と他人事の知事発言

県が設計変更申請を承認しないので、国は10月5日、自らが県に代わって申請を承認する「代執行」のために訴訟を起こした。これに対し玉城は応訴すると発表し、不承認を貫く方針を明確にした。「知事として辺野古新基地に反対する多くの県民からの負託を受けている」とのコメントも出した。

裁判は即日結審した。県庁に戻った玉城は報道陣の取材に応じ、辺野古移設問題に対する考えを改めて開陳した。

「今回の代執行訴訟は、地方分権一括法が改正されてから初めてのことなので、非常に大きな司法の考え方が示される。他方でこれからも難工事は続いていく。その対応が延びることで、普天間の一日も早い危険性の除去からは遠のいていく。埋め立て変更申請が承認されて工事が始まっても、先が全く見通せない工事になるだろうというのが我々の予測だ」

設計変更の承認で国が地盤改良工事を進めても、工事が完成する見通しはないと強調してみせたのだ。

軟弱地盤の改良工事が必要になったことで、辺野古移設の事業費は政府の試算で9300億円（沖縄県の試算だと2兆5500億円）、工事完成について米軍は「早くて2037年」と見る。確かに財政的にも技術的にも困難なチャレンジだが、さまざまな手段を使い、自らが移設を妨害することで事態を一層混迷させ「先が全く見通せない工事になる」と他人事のように言う知事も無責任だ。

沖縄で米軍基地の整理・縮小を進めるべきという知事の考え自体は、多くの県民の願いを代弁している。それはまさしく、国の考えでもある。だが、その手段が「辺野古移設の阻止」であることに、論理的な必然性があるのだろうか。辺野古移設はそもそも、米軍基地を整理縮小するための一手段なのだ。国が言うように、一番の公益は、普天間飛行場が宜野湾市の中央で固定化されることの回避ではないか。

福岡高裁那覇支部は12月20日、国勝訴の判決を言い渡した。県は判決を不服として最高裁に上告。一方、国は12月28日、設計変更申請の承認を代執行した。

これによって辺野古移設工事の続行が可能になり、国は2024年1月10日、辺野古沿岸の軟弱地盤が見つかった大浦湾側で海上ヤード設置工事に着手した。

最高裁決定は重要な意味があった。辺野古移設を止めることを最大の公約に掲げて誕生した玉城県政だったが、もはや法廷闘争は通用しなくなり、公約達成の有効な手段がなくなったことが明確になったのだ。

普天間返還は県民の悲願である。だが、移設を「新基地建設」と言い換え「県内移設では負担軽減にならない」という神話のような反基地イデオロギーに拘泥していることが、県を自縄自縛の状況に追い込んでいるのだ。

後世の歴史家は、移設反対が誤った政策であったことを認めざるを得ないはずだ。玉城は、この泥沼を一刻も早く終わらせる英断を下すべきだったのだ。

最高裁判決を契機に、辺野古移設問題に対する県民の関心は薄らぎ始める。世論は、基地問題より福祉や子育て支援などを重視する雰囲気が強まっていく。それは来るべき「オール沖縄」崩壊の予兆だった。

前例なき「反基地イデオロギー」県政の幕開け

在日米軍基地でも岩国飛行場と並ぶ有数の海兵隊航空基地である米軍普天間飛行場は、沖縄本島中南部に位置する宜野湾市にあり、面積は約４８０ヘクタール。２８００メートルの滑走路、格納庫、通信施設、整備・修理施設、部品倉庫、部隊事務所、消防署が整備されている。

沖縄は本土より中国や朝鮮半島に近く、沖縄に米軍基地が存在するのは、台湾や朝鮮の有事の際、米軍が素早く出動できる地理的なメリットが大きいとされる。普天間飛行場について米軍関係者は「この大きさの滑走路があれば、どんなタイプの軍用機も離着陸可能。普天間は高台にあり、災害にも強い」と使いやすさを強調する。

一方、普天間飛行場の周辺には市街地が広がり、住宅や学校が密集。万一、離着陸する米軍機の事故があれば大惨事は免れないとして「世界一危険な飛行場」と言われる。

1995年、米兵による少女暴行という不幸な事件をきっかけに、米軍基地に対する県民の怒りが沸騰した。

これを受け1996年、当時の橋本龍太郎首相はモンデール駐日大使と会談し、米国側が普天間飛行場を5~7年以内に全面返還すると発表した。しかし条件として、既存の米軍基地にヘリポートを建設することを挙げたことから、基地反対派は「県内移設では負担軽減にならない」と反発した。

普天間飛行場の移設先は紆余曲折の末、沖縄本島北部の米軍キャンプ・シュワブ(名護市)に隣接する辺野古沿岸に決まった。沖縄を取り巻く厳しい安全保障環境の中、普天間飛行場の県内移設は「抑止力の維持と基地負担の軽減を両立する唯一の解決策」というのが、国の立場だ。

ところが、2009年に誕生した民主党政権の鳩山由紀夫首相が政権奪取直前、普天間飛行場の移設先について「最低でも県外」と発言する。これをきっかけに、辺野古移設受け入れに傾いていた沖縄で政治の地殻変動が起きた。当時の仲井真弘多知事、自民党沖縄県連など保守派も含め、保革を問わず「県外移設」要求で一致したのだ。

その後、民主党政権は「辺野古移設」に回帰し、政権復帰した自民党も辺野古移設を推進。仲井真知事も２０１３年12月、辺野古沿岸の公有水面埋め立てを承認し、移設作業が法的に可能になった。しかし、いったん「県外移設」要求に転じた保守派は納得せず、革新支持層とタッグを組んで辺野古移設反対を強力に主張。ここに、保革を糾合した「オール沖縄」と呼ばれる新たな政治勢力が誕生した。そのリーダーが、自民党沖縄県連の幹部も務めた翁長雄志那覇市長だった。

翁長は、県内移設反対の論陣を張る県内主要メディアの強力な後ろ盾を得て世論の支持を広げ、２０１４年11月の知事選で仲井真知事に圧勝。「オール沖縄」県政、すなわち日本の安全保障、県民生活の向上といった現実的課題よりも基地反対運動を優先するような、前例のない「反基地イデオロギー」県政の幕開けだった。

キャラクターの異なる２人の〝将軍〟

「オール沖縄」県政は、日本政府の外交や安全保障と全く違う独自の論理で動く。本土とは隔離された沖縄だけ「オール沖縄幕府」の統治下にあるようだ。

〝初代将軍〟の翁長には重厚かつクレバーな印象があったが、〝2代将軍〟の座には全く違うキャラクターの人物が就いた。人懐っこくて明るい玉城だ。

本人の著書などによると、父は在沖米軍の海兵隊員で、玉城が生まれる前に帰国。玉城の本名は康裕だが、母が「デニス」と名付けたので「デニー」が愛称になった。

1990年代、沖縄でタレント活動を始め、ラジオパーソナリティとして活躍。沖縄市議を経て民主党などで衆議院議員を4期務めた。

政治家としての大きな武器は、やはりタレント性だ。知事就任後も、新潟県で開催される国内最大の野外音楽イベント「フジロック」に出演してギター演奏を披露するなど、単なる政治家にはとどまらない発信力を発揮している。沖縄で根強い「デニー人気」の源泉である。

私は知事就任前の玉城と初めて名刺交換したが、政治家とは思えない腰の低さや丁寧な対応に感動さえ覚えた。あれから何年も経って、今、玉城に批判的なことを書いている自分に罪悪感めいたものを感じてしまうほどだ。こんな政治家は沖縄では類例がない。玉城の「人柄の良さ」は折り紙付きである。

翁長は知事在任中の2018年に死去。その直後から「オール沖縄」は後継候補者選考の調整会議を設置し、8月中旬には後継候補を謝花喜一郎副知事と企業経営者の2人に絞り込んでいた。

そこへ突如〝ちゃぶ台返し〟があった。翁長が死去の4日前に、当時、沖縄選出の衆院議員だった玉城ら2人を後継者に指名し、その音声が録音されたというのだ。

調整会議は、急遽《きゅうきょ》、選考作業を白紙に戻し、最終的に玉城が出馬を決断するに至った。亡き翁長の〝鶴の一声〟ですべてが決まったのだ。

その人選は図に当たった。翁長を追慕する有権者にとって「愛されキャラ」の玉城は最大公約数的に、後継者として受け入れやすい選択肢だったからだ。

翁長の死を受けた知事選は9月30日投開票され「弔い合戦」ムードに乗った玉城は過去最多の約39万6千票を獲得して初当選。自民、公明、維新が推薦した前宜野湾市長の佐喜真淳に約8万票差をつけた。

翁長路線を継承し、さっそく辺野古移設反対を掲げて始動した玉城県政だが、1期目の折り返しである2020年に未曽有の災厄が沖縄、そして全国を襲う。新型コロナウイルス禍である。

新型コロナは、とりわけ観光客が多く、ウイルス流入のリスクが高い沖縄で猖獗《しょうけつ》を極めた。感染者数は人口比で全国最悪レベルの状態が続き、新聞紙面では「医療崩壊」という見出しが何度も躍った。

リーダーの危機管理が問われる大事な局面だったが、玉城の〝軽さ〟がここで露呈してしまう。

玉城は感染拡大防止のため、記者会見などを通じて県民に会食などの自粛を呼び掛けていた。ところがコロナ禍真っただ中の2021年5月、ツイッター（現X）に「GWの予定は実家と山の神の実家庭でのBBQ」と投稿。「県民には自粛を要請しておいて自分はバーベキューか」と批判を浴び、謝罪と投稿の削除に追い込まれた。

玉城の軽い言動はまだある。2022年5月、米軍基地問題に関する有識者会合の冒頭で「ゼレンスキーです」と自己紹介したのだ。

すぐ「冗談です」と言い添えたものの、戦火で苦しむウクライナ国民を茶化すような発言に批判が拡大し、玉城は発言の撤回と謝罪に追い込まれた。

玉城の失言は、元タレントとしてのサービス精神がなせるわざなのだろう。県民やメディアもそれを理解しているから、本人が謝罪すれば、それ以上批判が拡大することもない。

だが時々思い出したように飛び出す失言、基地問題以外では県庁職員が敷いたレール上で安全運転しているとしか思えない行政運営を見ると、結局、玉城は「オール沖縄」が担いだ軽い神輿ではないかと思うのだ。

「新基地建設」というプロパガンダ

辺野古移設に関しては、沖縄メディアが「新基地建設」と言い換えて報道しているため、まるで日本政府が沖縄の美しい海を無理やり埋め立て、平和を願う住民を踏み潰して戦争準備を進めているかのようなイメージが蔓延《まんえん》している。

辺野古移設に関するポジティブな報道は皆無に近く、県紙では、辺野古移設は道徳的な悪である

工事が着々と進む米軍普天間飛行場の移転先・名護市辺野古地区

かのように書き立てられている。

しかし辺野古移設は、本当に「新基地建設」なのだろうか。

そもそも、移設先の辺野古沿岸は、どのような場所なのか。現地に行くと一目瞭然だ。

建設資材などを積んだトラックの出入りを妨害するため、基地反対派は現地を通る国道329号という道路沿いの歩道を勝手に占拠し、活動拠点となるテントを設置している。テントから国道329号を挟んだ向かい側にあるのが、米軍キャンプ・シュワブである。

つまり移設先には、既にキャンプ・シュワブという米軍基地が存在しているのだ。現地に行く機会などない本土の人たちの中には「沖縄に新基地が建設される」と聞いて不安を抱いたものの、建設予定地周辺の一帯は既に米軍基地であると知ると、びっくりする人も多いだろう。

反対派は基地前に座り込むが、警察官らが腕を抱えて移動させ、排除。トラックは続々、キャンプ・シュワブのゲートを通過して基地内に入っていく。

普天間飛行場の代替施設は、キャンプ・シュワブ北側の海域（大浦湾側）約１１１㌶と、南側海域（辺野古側）約41㌶を埋め立てて建設される。つまり移設は、キャンプ・シュワブという既存の基地の海域への拡張工事だ。

この海域は制限区域であり、もともと一般人が自由に利用することはできない。決して何もない所に「新基地」が忽然と出現するわけではないのである。

実際に県民の理解を得られたかは別にして、辺野古移設とは沖縄の基地負担を軽減するために考え出された事業なのだから、政府は移設先も既存の米軍基地周辺を選定した。県民生活への影響が最小限になるよう意図したわけだ。

普天間飛行場の移設で返還される土地の面積が約４７６㌶なのに対し、辺野古沿岸などの埋め立て面積は約１５０㌶で、全体として米軍基地の整理縮小になる。

普天間飛行場を離発着している軍用機は宜野湾市の市街地上空を通過している。だが辺野古移設後は、キャンプ・シュワブの北側と南側から海へ向かうV字型の滑走路を離着陸し、原則として海上ルートを使用するので、墜落事故などに伴う一般住宅の危険性は大幅に緩和される。

「沖縄に基地は要らない」と願う県民にとっては、基地の縮小移転であっても確かに不十分かも知れない。だが何より大事なことは、普天間飛行場が消え、基地を囲んでいたフェンスが取り払われ、広大な跡地が沖縄に戻ってくることだ。そのために一歩でも二歩でも現状を前進させることが大事であり、さらなる負担軽減は、次のステップで考えていけばいい。

だが「オール沖縄」県政にしてみれば、移設を「新基地建設」と呼ぶことで、県民に「新たな基地負担」というイメージを与えることができ、好都合だ。基地負担軽減策のはずの移設が魔法のように、真逆の事業に様変わりしてしまう。

那覇軍港移設は「賛成」の不可解

翁長は2015年6月、県庁に「辺野古新基地建設問題対策課」を新設。辺野古移設阻止に向け、各課にまたがっていた事務を一元的に統合した。「新基地」は公式な行政用語になったのだ。

地方自治体が、国の安全保障政策を妨害するための組織を庁内に新設するというのは聞いたことがない。県民の血税が「反基地」のブラックホールに吸い込まれていくのでは――という懸念を感じる。

国は米軍基地整理縮小の一環として、浦添市に属する浦添ふ頭地区の沖合約49ヘクタールを埋め立て、米軍那覇港湾施設（那覇軍港）を移設する計画を進める。

本質的に普天間飛行場の辺野古移設と同じ基地の県内移設事業だが、玉城県政は「新基地建設に当たらない」という理由で計画を容認している。こちらは海上から海上への移設であり、建設される代替施設に新機能が付加されることはないという解釈のようだ。

正直言って、私にはわけが分からない理屈だが、玉城県政の真意は推測できる気がする。那覇軍港の浦添移設は、もともと那覇市長だった翁長その人が容認していた計画だった。那覇市にとっては基地負担の軽減になるので、表立って反対はできなかったのだろう。玉城は翁長の政策を機械的に引き継いだ。だから後付けの苦しい理屈で移設に賛成せざるを得なかったのではないか。

ちなみに共産党などは「県内移設では負担軽減にならない」との原則論に従い、那覇軍港の浦添移設に反対している。この問題は「オール沖縄」勢力の中でも意見が割れているのだ。

辺野古移設に関する沖縄メディアの報道をざっと調べたところ、翁長の後継者を選ぶ知事選が行われた2018年9月の1カ月だけで「沖縄タイムス」に「新基地」という見出しの記事、社説、投稿は約30本あった。読者は一日に一回、新聞の見出しで「新基地」という文字を目にしている計算だ。

基地負担軽減のために進められる辺野古移設が、新たな基地負担であり、県民への弾圧であるかのように報道される。しかも沖縄の主要メディアが、一つの例外もなくすべて同じスタンスで横並びし、異論や反論が封殺されている。そのことが沖縄の政治を歪め、県民を不幸にする方向へと導いている。

かつて当時の首相だった安倍晋三は来県した際「移設は基地を増やすものではない」と述べ、辺野古移設に対する県民の理解を求めた。

当時の菅義偉官房長官は記者会見で、政権批判の急先鋒として知られる東京新聞の望月衣塑子記者から「(辺野古移設は)将来にわたる新基地の負担を、県民に強いていくだけではないんでしょうか」と詰問された。即座に「新基地は造りません」と切り返した。

沖縄メディアが言う「辺野古新基地建設問題」とは、本来はここで終わらなくてはならない話だ。それが現在に至るまで「新基地」という呼称が新聞やテレビで執拗に使われ続けているのは不公平だと感じる。沖縄メディアによる「オール沖縄」勢力への〝ステルス援護射撃作戦〟の最たるものだったと言えよう。

「普天間維持」爆弾発言

これが日米両政府の真意であれば「普天間飛行場の危険性を除去するために辺野古に移設する」という事業の大前提が吹っ飛んでしまう。記事を読んだ県民は、日米両政府の二枚舌に怒ったことだろう。2023年11月8日、沖縄タイムスの1面トップでこんな見出しが躍った。

「軟弱地盤　軍事上影響の可能性」

「普天間維持の考えも」

「在沖米軍幹部懸念示す」

記事のリード文はこうだ。

「名護市辺野古の新基地建設を巡り、在沖米軍幹部は7日、大浦湾側の軟弱地盤が事実上、影響を与える問題かどうかの見解を問われ『仮に修正できなければ影響を与えるかもしれない』との考えを示した。『修正』は地盤改良を指しているとみられ『（滑走路が）沈むような場所では（建設は）難しい』との懸念を示した」

「辺野古に代替施設が完成した後も、普天間の機能を維持したいかどうかを問われ『軍事的な立場だけで言えばイエスだ』と答えた」

在沖米軍幹部は県内外の報道各社を対象に在沖四軍が合同で開いたメディアワークショップで記者団の質問に通訳を介して答えたのだ。

この報道は波紋を呼んだ。「米軍も軟弱地盤の存在を懸念しており、辺野古移設は技術的に困難」「辺野古移設が実現しても、普天間は返還されず継続使用される可能性がある」という疑念を生む記事だったからだ。

同紙は翌9日付でも続報を出した。それによると、照屋義実副知事は普天間、辺野古両基地の継続使用を求める考えは以前から米軍内部にあると指摘。「沖縄だけに基地を押し付ける構造的差別が改めて示された」と政府を批判した。

だが、私は沖縄タイムスの最初の報道に疑問を抱いた。在沖米軍幹部が、こんな〝爆弾発言〟をするはずがない。なぜそう言い切れるかというと、私はこの「メディアワークショップ」の場にいたからだ。

沖縄メディアの〝誘導尋問〟疑惑

11月７日、私はメディアワークショップに参加するため普天間飛行場を訪れ、県内外から集まった多数の記者と一緒に米軍幹部の話を聞いた。詳細なメモも取った。

沖縄タイムスの報道を受け、改めて前日のメモを見直し、私なりに米軍幹部と報道陣のやり取りを再現してみた。問題となった箇所の少し前から始める。

海兵隊幹部　「（普天間飛行場が現在の位置にあるメリットについて）約２８００メートルの滑走路があり、どんなタイプの航空機も離着陸可能。高台に位置している。辺野古移設は早くて２０３７年と予想される。これは台風などの影響を想定していない。それまで普天間飛行場は、ここで維持される。普天間は評判が良くない部分もある。基地の境界線の近くまで市街地が広がり、地元に対する負担になっている」

記者「辺野古移設で滑走路は短くなるが」

海兵隊幹部「辺野古の代替基地は海との連携が可能になり、給油ポイントが10倍になるなどの利点もある。滑走路が短くなるネガティブポイント（不利な点）は嘉手納飛行場と補い合って運用する。ネガティブポイントをどう補うかは、まだ議論の段階だ。軍事的に考えると（辺野古より）普天間のほうがいい」

記者「軟弱地盤の影響はあるか」

海兵隊幹部「それが修正できないなら、影響があるかも知れない。地盤が沈むところには基地を建設してほしくない」

記者「辺野古が完成しても、普天間を維持したいのが本音か」

海兵隊幹部「軍事的な立場だけで言うと答えはイエス。だが、私は決定できない」

メモは以上である。米軍幹部は報道陣が集まった機会に「辺野古移設が完成しても、普天間飛行場は維持したい」という本心を吐露したのだろうか。そうではないだろう。記者の「誘導尋問」に米軍幹部が引っ掛かっただけで、翌日のセンセーショナルな報道につながる発言をしたわけではないと感じる。

元在沖米軍海兵隊基地政務外交部次長のロバート・D・エルドリッヂに見解を聞いてみた。彼は米軍幹部の発言を確認し、こう言った。

「私は30年近く辺野古移設問題に携わっているが、普天間より辺野古が良いと思っている海兵隊関係者には一人も会ったことはない。内部で長年共有されてきた認識を発言したのだろう。ただ発言は海兵隊の組織というより、個人としての常識的なものだ」

その上で、沖縄メディアの報道姿勢を疑問視した。

「軍隊は文民統制なので政治の決定には従う。辺野古に移設しても普天間が使用され続けることはない。問題なのは海兵隊幹部の常識的な発言内容ではなく、あえてそれを問題視する報道だろう」

可能性を切り開く「資産」としての米軍基地

私はこの「メディアワークショップ」で、初めて米軍普天間飛行場と嘉手納飛行場に足を踏み入れることができた。

嘉手納飛行場の広大さには圧倒された。兵舎や格納庫などが建ち並び、一つの街のようだ。張り紙や看板はすべて英語、行き交う人もほとんど米軍人で、雰囲気は完全に米国。沖縄にとって「一番近い外国」が米軍基地であると実感できる。

沖縄戦による占領から始まった米軍基地の歴史を考えると、県民が米軍基地に複雑な感情を抱くのもやむを得ない。だが、世界最強の米軍と米国人のコミュニティが身近に存在する現実は、沖縄にとって一つの資産にもなり得る。

官民のレベルで米軍基地との交流を進め、相互理解が深まれば、国際交流と住民の英語力養成、事件・事故の防止にも役立つはずだ。沖縄では反基地感情ばかりクローズアップされ、基地があることを逆手に取った取り組みが今ひとつ表に出てこない。

基地の整理縮小は可能な限り進めるべきだが、沖縄を取り巻く国際環境を考えれば、残すべき基地は残すという考え方も必要だ。その中で「資産」としての米軍基地の活用を考えれば、県民の現実的な利益につながる。

普天間飛行場が撤去されれば宜野湾市の中央に広大な跡地が出現するので、市には跡地利用の夢が広がる。本来、名護市辺野古への移設を急がなくてはならないが、歴代県政の抵抗もあり遅れ、普天間飛行場の返還は早くて2030年代後半とされている。

普天間の跡地利用にはさまざまな考えがある。例えば現宜野湾市長で、2018年と2022年の知事選に出馬し、いずれも玉城に敗れた佐喜真淳は、こう持論を語る。

「普天間飛行場だけでなく、那覇軍港とキャンプ・キンザー（浦添市の米海兵隊牧港補給地区）も返還されるので、一体的な土地利用を考えるべきだ。人口が集中する沖縄本島中南部での大規模な土地返還は、沖縄にとってこれ以上ない大きなチャンス。沖縄の新たなグランドデザインを描かなくてはならない」

その上で、普天間飛行場の跡地に、沖縄の地政学的な優位性を生かし、アジアの平和にも役立つよう、国連ユニセフなどの国際機関を誘致してはどうかと提案する。「アジアと本土との懸け橋（ゲートウェイ）になるような跡地利用も良いのではないか。米軍跡地の活用に合わせて那覇空港を拡張し、国際線を増やして外貨を獲得すれば、国益にもつながり、沖縄を介して日本全体が盛り上がる。沖縄には米国総領事館も米軍もある。米国にも協力してもらえるような信頼関係が必要だ」

跡地利用を構想するにあたっては、大風呂敷を広げるようなチャレンジ精神が必要だが、一方である程度慎重に考えなければ真の県益につながらないことも事実だ。

米軍住宅地の返還後に整備され、現在はショッピングセンターが林立する那覇市の新都心は一つの成功例だが、今後も同じ発想が通用するとは限らない。そもそも沖縄本島では、ショッピングセンターは飽和状態にある。住宅地として再開発しても、人口減少時代に突入する中、効果は時限的なものにとどまるだろう。

「反基地イデオロギー」に染まると、とにかく基地返還を加速し「基地がない沖縄」が実現すれば、すべてバラ色になるように思いこんでしまう。だが、基地がなかった戦前の沖縄は完璧に幸福だっただろうか。基地がないことが重要ではなく、基地がなくなったあとに何をするかが重要だ。

玉城は沖縄の「独自外交」を掲げ、最近では中国への傾斜が目立っている。一方で「一番近い外国」の米軍基地とは疎遠なままだ。

米軍基地の整理縮小や県民の負担軽減を目指すのは知事として当然ながら、同時に「一番近い外国」との積極的な意思疎通を進めれば、対中接近などより「県益」に資するところは大きいのではないか。

県内移設を県民の最大利益に

普天間飛行場を県外に移設できるなら、そのほうが望ましいと思う。だが、まともな安全保障観を持たない「オール沖縄」が主力の辺野古移設反対運動には共感できない。

辺野古移設を認める、と言うと、沖縄では主要メディアから「政府の犬」扱いされるが、沖縄に迫る中国の脅威を直接的に感じる八重山諸島の住民として、在沖米軍が抑止力になるという政府の主張には一定の説得力を感じる。だから辺野古移設を進めるべきという考えに賛成だ。

だが、米軍基地の県内移設を受け入れるなら最大限、それを県民の利益に転換する方策を探るべきだ。

沖縄本島には南部の那覇市にしか民間空港がない。観光客が那覇市から北部地区に移動しようとすると、交通の便が必ずしも良くないため、車で数時間かかることもある。

北部地区に民間空港があれば、観光振興や住民の利便性向上につながるのは間違いない。有事や災害時の対応を考えても、本島の南部と北部にそれぞれ民間空港が存在するメリットは大きい。

辺野古移設後の基地は、まさにその「北部地区の民間空港」として活用できるポテンシャルがある。

「将来、アジアの安全保障環境が安定すれば、民間が辺野古の滑走路を使えるようにする可能性も追求したい」

2019年4月、沖縄の衆院補選で辺野古移設容認を掲げた自民候補の島尻安伊子が提案した。2020年7月には自民党衆院議員で、元防衛相の中谷元が県庁を訪れ、同様に辺野古移設後の基地を軍民共用化すべきと提言した。「自衛隊や北部の人たちも使えるような飛行場となれば、地域の平和と安定のために貢献できるのではないか」と述べた。

政府与党の有力議員にも、沖縄がその気なら軍民共用化、自衛隊との共同使用を後押ししようとする機運があるのだ。

米軍基地の整理縮小と、自衛隊の役割拡大をセットで進めることで、抑止力の維持と基地負担の軽減を両立できる。中国の脅威に最前線で直面する沖縄としては、自衛隊の活用こそ基地問題解決の「落としどころ」ではないか。

「全戦没者追悼式」の恥ずべき光景

毎年6月23日は沖縄の「慰霊の日」で、県内の官公庁や学校は休みとなる。1945年のこの日、沖縄本島を守備していた旧日本軍第32軍の牛島満司令官が自決し、日本軍の組織的戦闘が終結したとされる。

県は毎年この日に、最後の激戦地となった沖縄本島南部の糸満市摩文仁にある平和祈念公園で「沖縄全戦没者追悼式」を開く。多くの県民が参列する中、知事が平和宣言を読み上げる。また、首相や沖縄関係の主要閣僚が招待されるのも恒例となっている。

沖縄戦では県民や日米の軍人20万人が戦死し、県民の4分の1が犠牲になったとされる。悲惨な体験を経ている県民は、全国のどこにも増して平和志向が強い。

にもかかわらず80年の歳月を経て、今度は侵略的な隣国である中国が沖縄への領土的野心を隠さなくなり、沖縄は再び国防最前線に立たされることになった。歴史の皮肉である。だからこそ沖縄は、追悼式を通じ、国内外へ懸命に平和実現を訴えているといえる。

だが「オール沖縄」県政になってから、知事である翁長が平和宣言に辺野古移設反対の文言を盛り込むようになった。戦没者の追悼と辺野古移設問題は、本来全く関係ない。

ところが平和を希求する沖縄の心をアピールする平和宣言で、あえて辺野古に言及することで、あたかも移設が戦争準備であるかのような印象を拡散できる。移設を「新基地」と言い換えるトリックと並び「オール沖縄」の巧妙な宣伝戦略だ。さらに言えば、県が心を一つに戦没者を慰霊する厳粛な場が、事実上「オール沖縄」の政治集会と化してしまったのである。

追悼式に参列する首相へ基地反対派が激しいやじを浴びせるのも恒例行事と化している。沖縄の恥ずべき光景だが、玉城は２０２４年の式典後、報道陣からやじの感想を問われ、こう答えた。

名護市内では土砂搬入車両の通行を妨害する反対派の動きが続いており、警備員の死亡事故も発生した

「できるだけ静謐《せいひつ》な環境で臨んでいただきたいと前もってお願いしていたが、あのような声が出たということも、それもまた県民、参加された方の思いの吐露なんだろう、と受け止めている」

式典を乱す行為を肯定するような発言だ。トップがこれでは、警備に当たる職員も拍子抜けしてしまう。知事には支持者への配慮があるのかもしれないが「ダメなものはダメ」と乱暴な行為をたしなめるべきだった。

無法地帯と化す反対運動の現場

「オール沖縄」県政下で、辺野古移設反対運動の現場が無法地帯化している現状も2024年6月、浮き彫りになった。

名護市安和桟橋近くの国道で、辺野古移設に使う土砂搬出に抗議している女性（72）と警備員の男性

（47）がダンプカーに轢かれ、男性が死亡、女性が足の骨を折る重傷を負った。県紙の報道によると、男性はダンプの前に出た女性を止めようとして事故に巻き込まれた可能性があるという。
私はキャンプ・シュワブ前で行われている辺野古移設反対派の抗議活動を何度か見たことがあるが、工事車両の前に飛び出したり、牛歩戦術で車両の往来を妨害するなどの危険行為は日常茶飯事だった。抗議活動のため長い渋滞の列ができているのも見た。警備員たちもうんざりしているのが表情から読み取れた。

地域住民からも苦情の声が出ているが、翁長、玉城の2知事は辺野古を訪れ、集会に参加したり、反対派を激励したりしている。地元メディアは抗議活動に対する批判的な報道を一切しないため、危険な抗議活動に対する抑止力が働かない。死亡事故は「起こるべくして起きた」感が強い。

同年7月の県議会でも事故に関する質疑が相次いだ。産経新聞によると、島袋大県議（自民）の一般質問で、港湾を利用する事業者が県に対し「抗議者が事故に巻き込まれないようガードレールを設置してほしい」と何度も要請していたが、県が認めていなかったことが明らかになった。

事業者は自ら費用を負担するとも申し出たが、県は「歩行者の横断を制限することになる」と応じなかった。

この事故を巡っては、県紙が事故原因は沖縄防衛局や事業者側にあるような主張を展開し、負傷した女性を英雄視するような報道もあった。同年10月の県議会では、常任委員会が沖縄防衛局から提供された事故の監視カメラ映像を閲覧したが、与党の「オール沖縄」は負傷した女性のプライバシー侵害などを理由に閲覧を拒否した。

映像の内容を報道した産経新聞に対し、玉城は記者会見で「捜査中の証拠になり得るものは、報道を差し控えるべきではないか」と批判。自らは映像を見ていないと強調した。事故原因の調査に欠かせない監視カメラ映像の確認を拒むのは「映像を見られると何か都合が悪いことがあるのか」との疑いを抱かせる。本来、科学的であるべき事故原因の追及に政治が介入した悪例だと思う。

隣接する本部町の本部港塩川地区でも土砂の搬出が行われており、反対派が同様の抗議活動を展開している。県は2023年2月、ダンプカーなどの往来を妨害する行為について県港湾管理条例の禁止行為に該当し、過料に処することがあると警告する看板を設置したが、反対派の抗議を受け、同5月に撤去した。

基地反対の言動なら何でも許されるという沖縄の雰囲気は、最高裁判決の無視とともに「オール沖縄」県政下における法治、モラルの崩壊を示しているのではないか。

第二章　ごり押しの「民意」

壮大なパフォーマンス

「オール沖縄」が辺野古移設に反対する「民意」の根拠に挙げるのは、移設反対の候補が当選した知事選などの選挙、そして２０１９年に行われた県民投票である。だが、その県民投票も、実現に至るまでには「オール沖縄」県政や支持者から各自治体へのごり押し、露骨な圧力、メディアも含めた投票行動の誘導があった。

２月24日。沖縄で「辺野古米軍基地建設のための埋め立て」の是非を問う県民投票が実施された。投票資格者は「賛成」「反対」「どちらでもない」のいずれかの選択肢に「○」印を書いて投票した。県民投票の投票資格者は選挙の有権者で、１１５万３５９１人。このうち、投票者数は60万５３８５人で、投票率は52・48％。「辺野古米軍基地建設のための埋め立て」に「反対」は43万４２７３人（71・7％）、「賛成」は11万４９３３人（19％）、「どちらでもない」は5万２６８２人（8・7％）。棄権者数は54万８１９７人だった。

沖縄タイムス、琉球新報は「新基地反対が7割超」と報じ「反新基地揺るがず　沖縄の『想い』示す」（沖縄タイムス）、「揺るがぬ『ノー』考え抜いた未来」（琉球新報）と投票結果を〝絶賛〟した。

玉城は自著『新時代　沖縄の挑戦』で、県民投票について「そのアイデアを聞いた時、私は直感的に『アリだな』と思いました」と振り返る。投票率が50％を超え、埋め立て反対が約70％に達すると、思わず「よし！」と声が出たという。

「辺野古埋め立てに絞った県民の民意が明確に示されたのは初めてで、きわめて重要な意義があります」と強調した。

だが沖縄の内部から見ると、この県民投票は「オール沖縄」の壮大なパフォーマンスでしかなかった。前年に知事に就任したばかりの玉城は辺野古移設阻止に向け、いずれ何らかの理由をつけて政府と法廷闘争に入ると見られていた。基地反対派は、県民投票で圧倒的な辺野古埋めたて反対の「民意」を獲得し、法廷闘争で県に有利な材料にしたいという思惑があったのだ。

玉城は前年の２０１８年９月の知事選で初当選したばかりである。知事選から、ほとんど間がない。県民投票で辺野古埋め立て反対が多数になるのは確実な情勢だった。基地反対派がこのタイミングを見計らったのは間違いない。署名活動から始まったため、純粋な県民運動のように見えるが当然「オール沖縄」とも、水面下で事前に綿密な打ち合わせがあったと推測される。

誤解与える「設問」に違和感

県民投票に至る流れを簡単に振り返りたい。地方自治法によると、有権者の50分の1以上の署名で、住民投票などの条例制定を首長に請求できる。県民投票の実現に向け、学生や有識者などで組織する「『辺野古』県民投票の会」が約9万2千人の署名を集め、2018年9月、条例制定を県に請求した。

同会のホームページでは、県民投票について「県民の理解を得られない米軍基地建設計画を米国と約束し、建設を強行することは許されません。埋め立てを承認し、あるいはこれを撤回する権限は知事にあります」と強調している。

同会の代表は、平和安全法制などに反対した若者集団「シールズ琉球」の元メンバーだった当時27歳の元山仁士郎だ。元山を前面に押し立てることで、基地反対派は「若者主導の運動」というイメージを作り上げることができた。

県議会は共産党、社民党など玉城の与党が多数を占めており、条例は同年10月の県議会で可決された。自民党や公明党は「賛成、反対の2択では複雑な民意をすくい取れない」として「やむを得ず賛成」などの選択肢も設けるよう求めたが、与党は一蹴した。

玉城は「県民が意思を示す非常に重要な機会」と呼び掛け、県庁に「県民投票推進課」を設置。県庁を挙げて投票率アップを図るための広報活動を開始した。

条例によると、当初、投票資格者は「辺野古米軍基地建設のための埋め立て」について、投票用紙の賛成か反対の欄に「〇」印を書いて投票することになっていた。

だが、この設問からして大きな問題がある。県議会の審議では、野党の自民党や公明党から「『辺野古米軍基地建設のための埋め立て』とあるが、何も知らない人には大きな誤解を与える」と違和感を訴える声が出た。

普天間飛行場の移設先は、既存の米軍基地である米軍キャンプ・シュワブを海側に拡張した部分だ。つまり、移設先にはもう米軍基地が存在している。新たに「辺野古米軍基地」なるものを建設する予定は、そもそも政府にはない。この設問は辺野古移設が「新基地建設」であるという前提に立っており、最初から基地反対派のイデオロギーありきで、県民を誤誘導しているのである。

損害賠償請求訴訟をにおわす「恫喝作戦」

県民投票を疑問視する動きに対し、基地反対派は「恫喝作戦」に出る。

「『辺野古』県民投票の会」の元山ら5人は同年12月5日、石垣市議会を訪れ、県民投票に反対する意見書に賛成した与党市議らと意見交換した。

同会メンバーは「県が県民投票条例を制定した。県民投票は知事の権限に属する事務だ。地方自治法で、投票事務は市町村長が処理できる。処理にあたっては、法律上、市町村長、石垣市長が同意する必要はない。もし石垣市において投票事務が行われないことになると、石垣市が義務を果たさなかったことになるので、明確に違法ということになる」と断定。

その上で「市民の投票権が奪われたことになり、賠償請求も可能だし、違法行為なので、裁判が認められる可能性が高い。違法という状況になることをどう考えているのか」と迫った。

同会側は、石垣市が県民投票を実施しない場合「明確に違法だ」と断定、損害賠償請求訴訟の可能性をにおわせるなど、対等な話し合いという雰囲気ではなかった。

石垣市議会だけでなく、長年、普天間飛行場の存在に苦しんできた宜野湾市議会が、このような県民投票に反発したのは言うまでもない。石垣市議会に続き、宜野湾市議会も県民投票に反対する意見書を可決した。

意見書では「普天間飛行場問題の原点である危険性の除去について全く明記がなく、宜野湾市のど真ん中にある普天間飛行場の危険性や騒音問題等で長年苦しんでいる宜野湾市民が置き去りにされ、危険性の除去について県民の意思を示すものではない」と批判した。

また「玉城知事は県知事選について『県民が選挙で明確に示した辺野古反対の民意』と述べているにもかかわらず、再度、民意を問うことに対し5億5千万円の県民の税金をかけて行うことは理解しがたい」と疑問を投げ掛けた。

意見書の可決時、宜野湾市議会では「県民の命をないがしろにするのか」「恥を知れ」と、基地反対派の怒号、罵声が響いた。百人近い傍聴人が詰め掛け、可決を宣言する議長の声がかき消されるほど騒然とした。

たまりかねた市議が「傍聴人を退席させるべきだ」と求めたが、基地反対派は聞く耳を持たず大声を上げ続け、厳粛であるべき議会の雰囲気を乱した。

意見書を提案した呉屋等市議は「辺野古移設に『賛成』と言えば『宜野湾市だけがそれでいいのか』と言われ、『反対』と言えば、普天間飛行場の固定化につながる。葛藤の中で市民は苦悩している」と述べ、県民投票でこれ以上、宜野湾市民に「踏み絵」を踏ませるべきではないと訴えた。

「『辺野古』県民投票の会」メンバーは、県民投票の設問に普天間飛行場の危険性除去に関する記述がないことについて「異論がある県民はいない。わざわざ書かなくても県民は知っているはずだ」と主張した。

「県民投票」への不信と反対

県民投票に反対する動きは瞬く間に広がった。2019年1月中旬までに、宮古島、沖縄、うるま、石垣、宜野湾の5市議会が県民投票の予算案を否決。宮古島市議会は県民投票に反対する意見書で「(県民投票は)地域で完結可能な問題について実施されるべきである」「安全保障政策の面でも、一自治体の住民が地域を超えて決することは、国全体に影響を及ぼすものであり、なじまない」と疑問視した。

予算案の否決を受け、宜野湾市の松川正則市長、宮古島市の下地敏彦市長、沖縄市の桑江朝千夫市長、うるま市の島袋俊夫市長はそれぞれ、県民投票を実施しないと発表した。

沖縄市は那覇市に次ぎ沖縄で第二の人口を誇る。市長の桑江は、県民投票不参加を表明した1月7日の記者会見で、1997年に名護市で行われた普天間飛行場の受け入れに関する住民投票について言及した。

「こういったもの（県民投票）は市民を分断する。住民投票で暗くなった雰囲気がずっと頭の中にあった。こんな思いや分断を、沖縄市民に経験させたくない」

桑江の悲壮な決意が伝わる。

投票の方法も納得いかない様子を見せた。「（辺野古移設は）普天間飛行場の危険除去が根本にあったはずだが（今回の県民投票では）そういう思いを表すことができない。単に『○』か『×』かの二者択一を市民に迫るやり方は、あまりにも乱暴だ」

しかし、桑江の会見を報じた翌8日の沖縄タイムス記事は、桑江が「住民投票そのものへの嫌悪感を示した」「説明は論理的に矛盾をはらむ」と決めつけた上で「民主主義の本質を踏まえた真摯な対応を求めたい」と論じた。

桑江が間接民主主義を補完する制度としての住民投票を否定したわけではないことは、その発言の全体像を見れば容易に理解できる。住民を分断した名護市のような住民投票は「絶対にさせたくない」と述べただけなのだ。発言の一部を切り取り、手前勝手な解釈を加えて他人を批判する言説の代表的な例である。

基地反対派は投票の結果、反対が多数になることを見越し、辺野古移設をめぐって今後予想される国と県の法廷闘争で、県民投票の結果を県有利の材料に使いたい思惑があった。

しかしこれだけ不参加の市が相次げば、かえって辺野古をめぐる県民の分断が浮き彫りになり、投票結果が反対多数になっても説得力を失う。玉城、沖縄メディアが「全県実施」実現になりふり構わぬ姿を見せたのは、そうした事情による。

県民投票不参加について全国でも「市民の投票権を奪うことだ」と批判するメディアは多い。しかしそれは問題の矮小化で、核心はそんなことではない。県民投票が基地反対派の政争の具に使われている現状を是認していいのか、市町村には拒否する権利も認められるべきではないか、ということだ。

5市の有権者数は沖縄の全有権者の約3割に相当する。2月24日に県民投票が強行されても、その意義は大きく揺らぐ。特に普天間飛行場を抱える宜野湾市の不参加は致命的だ。この時点で沖縄の全市町村での実施は事実上、不可能な情勢になった。

沖縄メディアの論理矛盾

「県民投票させろ」「我々の声を無視するな」

2019年1月7日、石垣市役所前で、プラカードを持った人たちの大声が響いた。2月24日に実施される県民投票に、石垣市が参加しない可能性が高まったためだ。

県民投票条例の制定を県に請求した団体「『辺野古』県民投票の会」などはこの日、6市の市役所前で一斉にプラカードを持ち、通行人に県民投票の実施を訴えた。このあと、各市長宛てに抗議文を提出した。

抗議文は仰々しい文章に満ち溢れている。

「市長が予算を執行せず、県民投票事務を実施しないことは違法であり、沖縄県政史上取り返しのつかない重大な禍根を残すことになる」

「投票権を市町村の首長や市町村議会が奪うことは民主主義の否定にほかならない」

しかし、抗議文を受け取った石垣市の中山義隆市長は、県民投票の意義を真っ向から疑問視した。

「県民投票は県民の意思を表すための手段のはずだが（辺野古移設の）反対運動を成功させるための動きに見える」

だが、沖縄メディアは県民投票を拒否する5市のバッシングを本格化。県紙2紙は連日のように「市民の投票権を奪うな」と訴えるキャンペーンを展開した。

琉球新報の2018年12月16日付の紙面では、県民投票の「識者談話」がページの4分の1近くを占めた。成蹊大法科大学院教授の武田真一郎氏が「実施拒否は投票権侵害」「市町村長個人らは住民訴訟によって損害賠償責任を追及されるだろう」と主張。「議会がなぜ御託《ごたく》を並べて県民投票に反対し、住民の意見を聞くことを拒否するのだろうか」「県民投票に反対することにはまったく正当性がない」などと一方的に論じている。武田氏は今回の県民投票で「制度設計」に関わった人物だという。

県民投票に反対する自民党も、県紙の「御用学者」に言われっ放しではない。関係者は「県民投票の結果にはそもそも法的拘束力はない。訴えを提起する側には法的利益や当事者適格が求められる。たとえ訴訟が提起されても、裁判所で門前払いだろう」と反論する。

沖縄タイムスは12月20日付社説で「民意がないがしろにされているからこそ、県民投票が必要なのである」「自民党の国会議員は『辺野古反対』の公約を当選後に破り、名護市や宜野湾市の市長は選挙で辺野古の移設の是非を語らなかった。その上今度は自治体の首長が県民投票を拒否する。本当にそれでいいのだろうか」と難じた。

民意を尊重せよというなら、なぜ予算を否決した市町の民意を踏みにじろうとするのだろうか。沖縄メディアは論理的に矛盾しているのではないか。

さらに沖縄タイムスは２０１９年1月7日付1面で「県民投票不参加は違憲」「法の下の平等反する」という大見出しを掲載。首都大学東京の木村草太による緊急寄稿で「訴訟を検討する住民もいると報道されているが、市町村が事務執行を拒否した場合、裁判所も厳しい判断をする可能性がある」などと6市を糾弾した。

琉球新報は同年1月6日付の社説で、自社の世論調査を引き合いに「世論調査でも示された民意が市長の判断で踏みにじられていいのだろうか」「多数が県民投票を支持していることは疑いようがない」と断言した。

だが、各市が県民投票を拒否するのは感情論からではなく、ちゃんと論理的な理由がある。例えば宜野湾市長の松川は、そもそも県民投票条例に瑕疵《かし》があるのではと指摘する。

地方自治法では、知事が権限や事務の一部を市町村長に移譲する際、あらかじめ市町村長と協議しなければならないと定める。県民投票条例は知事が投開票事務を市町村長に処理させると定めているので、まさにこの事例に該当する。

しかし条例制定に当たり、県が市町村長と事前協議した形跡がないのである。松川の疑義照会に対し、県の県民投票推進課は「県庁で開いた市町村への説明会がそれに該当する」と回答したという。牽強付会ではないか。

宜野湾市は「協議があれば、県民投票の選択肢に対する要望を言うこともできた」と県への不満をあらわにしている。

ヒーロー視されたハンスト運動家

県民投票条例では県に対し、県民投票に関する広報活動や情報提供を「客観的かつ中立的に行うものとする」と求めている。しかし玉城は辺野古に足を運び、ゲート前で抗議する反対派を激励するなどしており、各市長は「知事自らが条例違反を犯している」と疑念を深めた。

一方、元山は1月7日、宜野湾市長の松川正則を訪れ、県民投票を実施しない場合、損害賠償請求訴訟が起こる可能性を警告した。既に同市の基地反対派は、原告団の募集を開始していると報じられた。

5市の市役所には連日「市民の投票権を奪うな」などという基地反対派の抗議が殺到した。宜野湾市の場合、抗議電話が1日に120件以上に達することもあり、担当者は「職員が電話対応のため、通常の業務ができない状況」と困惑した。

県民投票条例の制定を県に直接請求した「『辺野古』県民投票の会」のホームページには当初、5市の担当課の電話番号が記されていたため、SNSなどで抗議運動が全国に拡大した。市側の要請を受け、同会は電話番号をファックス番号に変更したが、ホームページで5市に送る抗議文のテンプレート（様式）を掲載したため、これを利用した抗議文が5市に大量に届く事態となった。

石垣市役所では、1月9日から31日までに電話、ファックス、メール、郵送で計1067件の抗議があった。9割以上は県外からと見られるという。市民の抗議活動を否定するものではないが、一歩間違えれば業務妨害だ。

しかし、県紙は抗議活動を「県外から全県実施の実現を呼び掛ける取り組みが賛同の輪を広げている」(琉球新報)などと好意的に報じた。石川県の基地反対派が「小さなアクションでもたくさん集まれば大きな力になる」と全国にファックスを書く会の開催を呼び掛けたことなどを紹介した。

さらに元山は1月15日から、宜野湾市役所前にテントを持ち込み、「5市が県民投票に参加するまで」のハンガーストライキを開始した。水だけを摂り、医師から体調のアドバイスを受けながら抗議の座り込みを続けた。

県紙は連日、社会面のトップを使い「市民の投票権守る」「元山さんに激励続々」(沖縄タイムス)などとハンストを克明に「中継」。元山は一躍、体を張って5市の暴虐から民主主義を守る若きヒーローに祭り上げられた。

沖縄タイムスによると、県民投票への参加を拒否していたうるま市長の島袋俊夫がハンストに対し「いたたまれない気持ちもある。私も全県実施に向けた投票ができるよう、県に今後も求めていきたい」と述べるなど、参加を拒否してきた市長にも動揺が見え始めた。

後述するが、自民党沖縄県連は県政与党と県民投票条例の改正で与野党合意し、最終的に5市は県民投票への参加を余儀なくされる。自民県連会長で県議の照屋守之は妥協の理由として、5市への抗議行動で業務に支障が出ている状況と、元山代表のハンストを挙げることになる。

ハンストはドクターストップのため5日で終了したが、琉球新報は、玉城が与党県議の携帯電話に「県民投票は必ず全県実施します。元山君の動きが市民を動かしました」とメッセージを送ったと報じた。紙面には「ハンスト、窮地を打開」「若者の決意が政治動かす」という見出しが躍った。まるでハンストが全県実施の流れをつくったような記事だ。

私の見方では、県民投票の全県実施を決定づけたのは、ハンストそのものではなく、ハンストを大々的に取り上げた沖縄メディアの報道だ。「5市はなぜ、県民投票を拒否したのか」という本質的な問題が、元山対5市長という単純な勧善懲悪ストーリーに覆い隠され、世論の同情が元山に集中してしまった。

議会が県民投票の予算を否決した市のうち、宮古島市の下地敏彦市長は、初めて明確に県民投票不参加を表明した。

玉城は即座に謝花喜一郎副知事を宮古島市に送り翻意するよう説得。また、動向が定かでない各市町に対し「県民投票の実施は義務だ」とする「技術的助言」を行った。これは地方自治法上の制度である。また県民投票に参加しない自治体が相次いだ場合でも、県民投票を強行する構えを見せた。

市町が翻意しない場合、同じく同法で定められた「是正要求」を行う意向も示唆した。

同調圧力に屈しなかった5人の県議

市町に県民投票の実施を強要するかのような県の姿勢を見ていて、玉城が常々、辺野古移設を進める政府に対し「法的措置ではなく対話で問題を解決してほしい」と訴えていたことを思い出した。その一方で自らは市町村に対し、対話ではなく法的措置をちらつかせ、県民投票をごり押しして恥じない。県に政府を批判する資格が本当にあるのだろうか。5市の議会は県民投票の予算案を否決しているのであり、それもれっきとした民意である。

本来なら玉城は、県民投票が既に有名無実化している現実を受け入れ、潔く県民投票中止の方策を探るべきだった。

しかし県内各市では「同調圧力」に屈したかのように見える動きが顕在化し始めた。浦添市議会は県民投票の予算案をいったん否決しながら、再議が行われ、一部議員の退席ののち、改めて全会一致で可決した。同市は県民投票を拒否した市町のうち、真っ先に「脱落」した形になった。

県民投票の全県実施に動いたのは県議会議長の新里米吉だった。県民投票は「辺野古米軍基地建設のための埋め立て」に対し「賛成」「反対」のいずれかに「〇」印をつけるよう求めるシンプルなものだったのだが、選択肢を「どちらでもない」を加えた3択とする妥協案を与野党に示した。選択肢を増やすことで、県民の複雑な民意をすくい取るという建前である。

自民、公明はもともと、選択肢を4択とする県民投票条例の修正案を提案していたが、与党に否決された経緯がある。それだけに自民は議長案に反発したが、公明が強く歩み寄りを促し、1月25日、与野党は条例改正に向けた協議に入った。

自民は、普天間飛行場の危険除去のため、苦渋の選択で辺野古移設を容認した経緯があるとして「普天間飛行場移設のための辺野古埋め立てはやむを得ない」「普天間飛行場移設のための辺野古埋め立ては反対」「どちらでもない」の3択を逆提案。しかし与党は一蹴し、膠着《こうちゃく》状態になりかけたが、最終的に自民は、自民県連会長の照屋の決断で議長案を受け入れ、与野党合意を成立させた。

同年夏には参院選があり、沖縄では4月に衆院補選もあった。このまま5市が県民投票に参加しなければ「市民の投票権を奪った」ことが自民党に対する格好の攻撃材料とされ、候補者が不利になる可能性があると判断したようだ。

しかし、県民の意思を確認するという県民投票の本来の趣旨からすれば「どちらでもない」という選択肢の追加に何の意味があるのか。

県民投票条例では、最多となった選択肢が投票資格者の4分の1以上に達すれば、知事は結果を尊重しなくてはならないと定める。２０１８年12月の有権者数から計算すると、４分の１は約29万票。３択になれば、約29万票へのハードルは多少上がる。とはいえ、18年の知事選で玉城が獲得したのは約39万６千票で、基地反対派にとって29万票は難しい数字ではない。

県民投票条例案を改正した県議会では、与野党合意にかかわらず、自民党から5人の県議が反対に回った。選択肢が追加されても、県民投票は、辺野古沿岸埋め立ての賛否を普天間飛行場の危険除去と切り離して問うという異様な内容のまま実施されることに変わりはない。

普天間飛行場の危険除去とは無関係に、政府が美しい海を埋め立てて軍事基地建設を強行しているという一方的なイメージが、さらに全国に拡散される結果になりかねない。しかも、米軍基地の新設の是非を問うという設問自体が、投票者を故意に「反対」へ誘導している。この設問で県民投票を実施すること自体が、反対派のプロパガンダなのである。

5人の態度は、県紙で「頑なだ」と叩かれたが、むしろ私は、彼らが筋を通したことに敬意を表したい。

反対派の徹底した〝刷り込み〟

条例改正を受け、照屋は県民投票に参加するよう5市長を直接説得。5市は市長の判断、または市議会で県民投票予算の議決を得た上で、いずれも参加に転じた。

選挙をにらんだ妥協の産物であり、自民党と5市長の政治的敗北だと見る。「オール沖縄」勢力に妥協した照屋は結局、党内の反発を受け、自民県連会長を辞任することになる。

県民投票の全市町村実施が決まると、いよいよ恐れていた事態が現実化してきた。県全体を「埋め立て反対」一色に染め上げるような反対派の一方的な宣伝攻勢と、条例で定められた中立とはほど遠い玉城県政の広報活動である。

県民投票の告示より約2週間前の1月26日、米軍キャンプ・シュワブ前。基地反対派で組織する

「新基地建設反対県民投票連絡会」は「県民投票を成功させよう！県民投票キックオフ集会」を開いた。反対派の著名人が次々と登壇し「圧倒的な新基地建設反対の民意を示すために奮闘しよう」などとするアピールを採択した。公選法では、告示前の選挙運動は「事前運動」として禁止される。このような集会も選挙であれば、明確な公選法違反である。

しかし県民投票条例は「投票運動は、自由とする」と定める。買収、脅迫などを禁じているだけで、個別運動や文書配布に対する規制もない。潤沢な資金を持ち、沖縄メディアという最強の後ろ盾を持つ反対派にとって、宣伝活動は向かうところ敵なしだ。

2月に入ると、離島を含め、県内各地で「埋め立て反対」を呼び掛ける同連絡会の広報車が駆け巡り始めた。街頭では反対派の団体が「埋め立て反対に〇」などと記された横断幕を持ち、通行人に手を振る姿も見られるようになった。告示日の出発式や、投票運動期間中の集会も開催し、反対を呼び掛けるビラも全戸配布。共産、社民などの県政与党も支持者に対し、反対を積極的に呼び掛ける方針を打ち出した。県民への徹底した「刷り込み」だ。

一方で埋め立て「賛成」を呼び掛ける組織的な動きは皆無だった。辺野古移設を容認している自民が静観の構えだからだ。辺野古移設反対の公明党県本部は自主投票を決め、やはり動かない。

辺野古移設「賛成」と「容認」は違う。後者は「苦渋の決断」であることを前提としている。

沖縄の言論空間では、辺野古移設は「新基地建設」と呼ばれ、県民の間では戦争に加担する行為であるかのようなイメージが蔓延《まんえん》している。選挙の洗礼を受けなくてはならない自民党沖縄県連にとって、口が裂けても「賛成」とは言えない雰囲気が存在する。また実際、心情的に「賛成」ではない議員や支持者も多い。

埋め立て「容認」の県民に「賛成」票を投じるよう求める県民投票の設問が卑怯である理由の一つがここにもある。元山は「辺野古埋め立てに賛成の人は、賛成の団体を立ち上げて堂々と議論すればいい」と突き放した。しかし、そんなことは今の沖縄では不可能なのだ。

設問に「賛成」という選択肢があったとしても、多少なりとも世論を気にする立場のある人間は、沖縄では「賛成」運動などできない。自民党が選択肢を「やむを得ない」に変更するよう求めたのは、そのためだ。「沖縄には言論の自由がない」と嘆く声があるのも、このような事情を考えれば理解できる。

県民投票に公選法を準用するよう求めてきた石垣市長の中山は「県民が冷静に正しく判断できる状況なのか」と疑問を呈する。

皮肉なことに、ほかならぬ辺野古移設反対派も、沖縄の言論空間の閉鎖性を指摘している。後述する「県民投票フォーラム」で、沖縄国際大・大学院教授の前泊博盛は「沖縄の基地問題の最大の欠点は、賛成派が賛成の意見が言えない環境にある。辺野古の警備の警察官はマスクで顔を隠している。かつての学生運動は逆だった。なぜ顔を隠さないと警備もできないのか。名前を出して賛成と言えない理由は何か」と問いかけた。自身が琉球新報の元記者でありながら、あえて沖縄メディアの責任にも言及した。

演出された「圧倒的民意」

県民投票の結果に戻ろう。

沖縄タイムスは社説で「反対票は、昨年の知事選で玉城知事が獲得した過去最多の得票を上回り、40万の大台に乗った」「新基地建設計画は、もはや完全に破綻した」と勝利宣言した。だが「投票率52％、反対72％」という数字は「オール沖縄」勢力や沖縄メディアが声高に叫ぶほどの「圧倒的民意」なのか。

何よりも気になるのは投票率である。玉城が当選した２０１８年9月の知事選は63・24％、米軍基地の整理縮小を問うた１９９６年の県民投票は59・53％だったから、投票率が低下したことが分かる。

県は県民投票の広報費に1億３０００万円を投じ、テレビのＣＭや新聞広告などで投票率アップに躍起となっていた。県紙も県民投票を全面的にバックアップし、連日の特集紙面で県民に投票を呼び掛けていた。それなのにこの体たらくだが、県紙など反対派は「有権者の過半数を超えた」の一点張りで、この点に関する反省が全くない。

低投票率について、報道の中には「県民の意識が低かった」という的外れなものもあったが、事実は逆だ。辺野古移設を容認するかなりの数の人たちが、知事選の結果から「反対」多数になるのは不可避と見て、あえて棄権することで投票率を下げる道を選んだ。私の周囲の保守層の県民も、ほとんどが「投票など行く必要がない」という反応だった。

注目すべきは移設先である名護市辺野古周辺の「久辺3区」と呼ばれる地域（辺野古、豊原、久志）の投票率である。わずか41・38％だったのだ。当事者が辺野古移設問題に無関心なわけがない。辺野古区は移設を条件付きで容認している。低投票率が県民投票そのものへの消極的抵抗にほかならないことの証左だろう。

保守系の市長が在任する5市は当初、県民投票に不参加の方針だったが、県紙の「市民の投票権を奪うな」という激しいバッシング報道を受け、土壇場で参加に舵を切った。しかし投票率を見ると、宮古島市（38・48％）、石垣市（44・63％）、沖縄市（49・88％）が5割を切り、宜野湾市（51・81％）、うるま市（50・28％）も県全体の投票率を下回った。

5市もまた、県民投票そのものに反発する市民の「民意」をバックに不参加を決断していたことが明らかになったと思う。

宜野湾市と並び、辺野古移設問題の当事者である名護市も50・48％という低投票率だった。

浮かび上がるのは、主に移設に「反対」の県民が投票所に足を運び、容認する県民は多くが棄権した、という県民投票の実態である。特に宜野湾市、名護市（そして久辺3区）の低投票率は注目に値する。その意味で7割超が辺野古反対という県民投票は、反対派の自作自演だったと言ってよい。

「反対」票が投票者に占める割合は7割超だが、有権者に占める割合で見ると、37・6％に過ぎない。宜野湾市選出の県議、又吉清義は、報道機関の世論調査で辺野古移設に反対する理由が「沖縄に新基地は不要だから」だったことを挙げ、移設を「新基地」建設と喧伝する県や沖縄メディアの広報体制を疑問視した。

衆院議員の下地幹郎（当時）は「賛成11万、どちらでもない5万、投票行動をしなかった県民55万の計71万人が『反対以外』。この結果は重く、勝利者の軍配をどちらにも上げることはできない」と分析した。

これに対し、琉球新報は社説で「人物を選ぶ選挙でもないのに、有権者の52％が投票所に足を運んだという事実は重い」と述べ「民意を矮小化するな」と反論した。

確かに人物を選ぶ選挙であれば、たとえ1票差であっても勝利者が「民意」を得たことになる。「投票率が低い」「得票数が過半数に達していない」などという突っ込みは負け犬の遠吠えに過ぎない。

しかし県民投票とは、民意を数値的に把握することに意義があるはずだ。なぜなら県民投票は法的拘束力を持たず、為政者はあくまで結果を政策決定の「参考」にするに過ぎないからだ。当選者が決まれば、そこで終わる選挙とは違う。

「民意はどこにあるのか」を推し量るなら、物言わぬ有権者である棄権者は何を考えたのか、「賛成」が（投票者数だけでなく）有権者の何割に相当するのか——といった、細かい数字と睨めっこすることで見えてくる真相にも深く分け入るべきだ。単純に「辺野古反対派が圧勝した」と大騒ぎする県紙だけでなく、下地らの分析にも謙虚に耳を傾けるべきなのだ。

県民投票に熱視線向ける中国の思惑

海外の反応を見ると、米国では特段に大きく県民投票が報道されることがなかったようだが、恐らく日本以外で唯一、投票結果に熱い視線を送った国があった。中国である。

投票日翌日の2月25日に放送された中国国営テレビのニュース番組では、宜野湾市や名護市からの現地レポートも交え、米軍基地問題に揺れる沖縄の現状を詳報した。

直接の当事者でもない中国が、日本の一つの地方のニュースにここまで力を入れるのは異様に見えた。中国が辺野古移設問題を自国の安全保障に直結する問題として注視していることがうかがえた。

番組では「日本の0・6％の面積の沖縄に、7割以上の米軍基地が集中している」と解説。インタビューを受けた宜野湾市民2人が基地被害を訴えるシーンも放送された。沖縄選出の糸数慶子参院議員（当時）はレポーターからマイクを向けられ「安倍首相に、辺野古はだめだと訴える。分断されることなく県民の心を一つにして、平和できれいな海を守る」と強調した。

国営テレビのナレーションは「政府は辺野古移設を日米同盟の抑止力のために進めるが、県民投票の結果はプレッシャーになる」と指摘した。

中国国営テレビの県民投票や米軍基地問題のニュースはおおむね、日本の主要メディアが報じる内容を参考にしているようだ。「沖縄が日本の安全保障の犠牲になっている」という論調である。

中国メディアが県民投票について特に論評しているわけではないが、米軍基地を挟み、沖縄県と日本政府の間に不和が生じている状態をほくそ笑んでいるのは間違いない。

沖縄問題がこじれればこじれるほど、日米同盟の足元が揺らぐ。中長期的な将来、時機が到来すれば「琉球はもともと中国の属国であり、日本ではない」「米軍基地に苦しむ琉球人民を救う」と称し、中国が沖縄に介入してくる可能性は否定できない。

中国では報道もまた政府のプロパガンダなのだから、県民投票に関する一連の報道は、将来の「沖縄政策」をにらんだ布石と受け取れないこともない。

辺野古移設が国際的な問題に発展すれば、沖縄にちょっかいを出したい中国にとって「願ったりかなったり」ではないだろうか。

多大な予算と時間を浪費した〝茶番劇〟

私なりにまとめると、県民投票の結果から見えて来るのは次の点だ。

まず、辺野古移設反対が県民の「多数派」であることは事実である。しかし、これは知事選の段階でも分かっていたことで、あえて県民投票を実施するほどの話では本来ない。

第二に、それが移設を容認する県民の意見など一切聞く必要がないほどの「圧倒的民意」であるかは大いに疑問である。移設を容認する県民の多くは反対派が主導する県民投票そのものに胡散臭さを感じ、ボイコットした。あえて言えば、県民投票の結果は反対派の出来レースに近い。

第三に、先の二つとも関連するが、県民投票はアンフェアな環境下で実施された。沖縄メディアは洪水のような誘導報道で、県民に「辺野古移設は悪」という刷り込みを行っている。辺野古移設の是非を冷静に判断できる環境が、今の沖縄にはない。

以上のことから、県民投票はそもそも不要だったし「反対が7割超」という結果は鵜呑みにはできない。

最大の問題点は、県民投票がそもそも茶番劇だったことだ。なぜなら、県民投票には法的拘束力がなく、どのような結果が出るにせよ、それによって辺野古移設を止めることは不可能だからだ。

2月25日、県民投票の結果について受け止めを問われた安倍首相は「普天間基地が固定化され、危険なまま置き去りにされることは絶対に避けなくてはならない。日米が全面返還に合意してから20年以上実現されていない。もうこれ以上先送りはできない」と強調。「ただ単に、辺野古に新たな基地をつくるということではなく、危険な状況にある普天間基地を全面移設する」と、県民投票の結果にかかわらず移設を推進する方針を示した。

その後、首相は安倍から菅、岸田、石破へと代わったが、2025年になっても、政府による辺野古移設の工事は着実に進んでいる。

「民意が明確に示された。辺野古新基地建設の阻止に全身全霊を捧げる」

玉城は投票結果を受け、こう宣言した。だが県民投票から6年経った今、当時の異常な熱気を覚えている県民はどれだけいるだろうか。「オール沖縄」勢力の政治家を除けば、一般の県民で「県民投票が……」などと口にする人は、もはや、ほぼ皆無だ。膨大な血税を投入した県民投票は、結局、沖縄に何をもたらしたのだろうか。

外交や安全保障問題は一地方の県民(住民)投票にはなじまない。この原則が理解されていれば、140万県民が「オール沖縄」勢力のパフォーマンスに付き合わされ、多大な時間とお金を無駄にすることもなかっただろう。虚しさだけが残る。

第三章　日本の抑止力に穴を開ける

一線を越えたトップの衝撃発言

「抑止力のために（辺野古移設が）必要だと日米両国が決めても止める」

「ミサイル配備で抑止力を向上するのではなく、冷静な外交で、アジアでの日本のポジションを明確にすべきだ」

これは最初から順に「オール沖縄」県政の歴代知事である翁長雄志、玉城デニーの発言だ。普天間飛行場の辺野古移設に反対する「オール沖縄」の運動は、そのまま日本の抑止力に穴を開けている。その具体例を見ていこう。

だがその前に「オール沖縄」が抑止力をどう考えているのか、明確にしておく必要がある。冒頭の発言は、2015年に行われた共同通信のインタビューで翁長の口から飛び出した。これは、抑止力の概念そのものを否定したに等しい。翁長はそれまで、自他ともに認める保守政治家だったはずであり、記事を読んだ私は「翁長知事はついに一線を越えた」と思った。

2番目の発言は、2022年8月、2期目を目指す知事選の遊説で石垣市を訪れた玉城のものだ。台湾有事や尖閣諸島の危機をにらみ、政府が進める抑止力向上に真っ向から反対する考えを示した。「オール沖縄」県政誕生から7年が経っている。

この際の遊説から、さらに玉城の言葉を拾っていく。

「有事を呼び込む体制は絶対につくらせないという姿勢をアジアに示すべきだ」

中国は年々、驚異的な勢いで軍拡を続けているが、玉城はあたかも日本が率先して〝軍縮〟姿勢を中国に示すべきと言っているように聞こえる。

完成間近だった陸上自衛隊石垣駐屯地に対しても「十分な説明もなく、住民合意もないと聞いている。住民投票すら認められていないという状況で、配備ありきの強引な安全保障のやり方を進めさせてはいけない」と批判した。

「辺野古移設反対」と「抑止力否定」はセット

「抑止力」とは、日本に攻撃を目論む国に対し「こちらには十分な防御能力や反撃能力があるぞ」と示し、日本への攻撃を思いとどまらせる力のことである。具体的には防衛力の増強という形を取る。

「オール沖縄」勢力は、一貫して抑止力に懐疑的な姿勢を貫いてきた。沖縄方言で嘘を意味する「ゆくしー」という言葉に引っ掛け「抑止力はゆくしー力」と揶揄《やゆ》する基地反対派も少なくない。

玉城のスピーチを聞いていると「辺野古移設反対」と「抑止力の否定」は、明らかに一つのセットになっている。「オール沖縄」幕府の〝初代将軍〟も、まさにそういう発言を繰り返していた。

翁長は死去直前、2018年の沖縄全戦没者追悼式で「新基地建設は沖縄の基地負担軽減に逆行しているばかりでなく、アジアの緊張緩和の流れにも逆行していると言わざるを得ない」とも述べた。沖縄は中国が一方的に領有権を主張する尖閣諸島を抱えている。中国による軍事侵攻の懸念が高まる台湾にも近い。「アジアの緊張緩和の流れ」に逆行しているのは、普天間飛行場の辺野古移設を進める日本ではなく、尖閣や台湾の周辺で軍事的な威嚇を繰り返す中国にほかならない。

「オール沖縄」県政は、常識とは真逆の国際情勢認識で、日本の安全保障政策にあらがっていることになる。

「オール沖縄」勢力は保守と革新の集合体とされるが、翁長、玉城の発言を聞いていると、特に安全保障政策に関しては、共産党、社民党などの革新政党の主張と大差ない。そこに「保守」の残滓《ざんし》は見当たらない。

玉城は「保守政治家」をもって任じているが、2022年の著書『新時代　沖縄の挑戦』では、外交・安全保障観をこう明かす。

「中国が野心的な行動を続けていることに関して、日本はあまりにとらわれ過ぎているのではないか、と私は懸念しています。その象徴が『中国が尖閣諸島を取りに来る』という、あの表現だと思います」

「（尖閣諸島が）日本の領土、領海であることは間違いありません。日本がしっかりと守るという姿勢を示しつつも、一触即発の海域にはしない、と中国と平和的な外交を続けていく」

国は普天間飛行場の辺野古移設を「抑止力の維持と県民の基地負担軽減を両立する唯一の選択肢」と位置付ける。抑止力に頼らず平和を構築できるなら、辺野古移設の論拠は崩れる――。「オール沖縄」勢力が抑止力に否定的なのは、そうした思惑があるからにほかならない。それが後述する、玉城県政の「独自の地域外交」という構想につながっていく。

だが逆に言えば「オール沖縄」の辺野古移設反対というのは、日本の抑止力が弱体化することを受け入れて初めて成立する運動なのだ。

最終目的は「沖縄独立」か

県はホームページに掲載した「辺野古新基地建設問題Q＆A」で「沖縄県は、日米安全保障体制や自衛隊の必要性を理解する立場です」と一見、抑止力を肯定するような姿勢を示す。

だが辺野古移設に反対する理由を「安全保障は我が国全体の問題です。安全保障が重要であるならば、その負担の在り方も我が国全体で考え、分かち合う必要があります。沖縄の過重な基地負担は軽減される必要があり、沖縄にこれ以上新たな米軍基地は必要ないと考えています」と説明する。

こちらは抑止力論ではなく、辺野古移設が「新基地建設」であるという前提で移設反対を正当化している。「抑止力は必要だろう」と突っ込まれても別の反論ができるよう、巧妙に逃げ道を用意しているのである。

一般的な本土の住民から辺野古移設問題を見ると「沖縄の人たちにこれ以上の基地負担を押し付けるのは間違いだ。反対の民意も出ているのだから、新基地建設はやめるべきだ」と単純に思ってしまっても、おかしくない。

辺野古移設に反対する一方、抑止力に理解を示す立場であれば、本来なら玉城は沖縄の自衛隊増強や防衛力の充実には進んで協力すべきだが、実際には妨害すらしている（後述する）。いくら「自衛隊の必要性を理解する立場です」と言っても、行動が伴っていない。

米軍基地の県内移設反対運動が保守思想と相容れない、と言っているのではない。例えば自主防衛を説く保守主義者が、米軍基地の県外移設を訴えても矛盾はないだろう。「オール沖縄」運動が保守思想と相容れないのは、県内移設反対とセットになっている抑止力否定論のほうである。

米軍基地が県外へと撤去されたあと、沖縄は誰が、どう守るのか。肝心な点に「オール沖縄」勢力は答えていない。「オール沖縄」勢力から返ってくる言葉は「抑止力という考え方自体が間違い」「抑止力の存在は認めるが、米軍基地はそもそも抑止力ではない」というものがほとんどだ。

ちなみに翁長は2015年、来沖した菅義偉官房長官との会談で「自ら（土地を）奪って県民に苦しみを与えておいて、普天間基地は世界一危険だから、その危険性除去のために沖縄が負担しろ、お前たち代替案は持っているのか、日本の安全保障はどう考えているのか、こういった話をすること自体、日本の政治の堕落ではないか」と述べている。

つまり沖縄に「抑止力をどう考えるんだ」と問いかけること自体が「政治の堕落」だと言うのである。大事なのは辺野古移設を止めることだけで、日本の安全保障に沖縄は関係ないよ、と言わんばかりだ。

ここまで来ると「オール沖縄」の辺野古移設反対運動とは一種の沖縄民族主義、原理主義運動であり、思想的には「琉球独立論」へと発展してもおかしくない。いずれにせよ、沖縄と日本の分離を志向する考え方だ。

有事に備えた空港・港湾の機能強化

「手を挙げないのは、完全に県のやり方がおかしいと思っている」

2024年6月、石垣市議会で、答弁に立った中山義隆市長は「オール沖縄」県政に対する不満をぶつけた。

県と石垣市の間で問題化しているのは、「特定利用空港・港湾」指定を巡る意見の対立だ。

「新たに自衛隊の施設を造るというのではなく（既存の空港・港湾整備事業を）前倒しでどんどん進めることができるということで、非常に効果的だ。県には考え方を転換してもらいたい」

「特定利用空港・港湾」指定を受け入れ、空港・港湾整備を加速させたい中山は、指定に消極的な県の姿勢を疑問視したのだ。

国が進める「特定利用空港・港湾」指定の取り組みとは何か。
中国が台湾に侵攻する台湾有事の危機が迫りつつあるという安全保障の危機感抜きには、この取り組みは語れない。台湾有事が勃発すれば日本も巻き込まれる可能性が高く、自衛隊の対処能力向上は喫緊の課題である。

有事に自衛隊が出動する場合、拠点となるのは空港・港湾だ。ただ主要空港・港湾は多くが軍用ではなく、地方自治体などが管理し、主に民間機や商用の船舶などが使用する民生利用主体の施設である。自衛隊が出動したり、訓練を行ったりするには、そのつどインフラ管理者と調整し、空港や港湾の空いている場所を提供してもらう必要がある。

このため岸田政権は２０２３年12月、自衛隊・海上保安庁が平素から重要な空港・港湾を円滑に利用できるような枠組みをインフラ管理者との間で設け、この空港・港湾を「特定利用空港・港湾」と位置付けることを確認した。自衛隊や海保が利用しやすくするため「特定利用」指定された空港・港湾では、国が主導して必要な機能強化に向けた整備事業を導入するか、既存の整備事業を促進することも決めた。

「特定利用」の候補に挙がった施設は全国で32カ所。このうち沖縄からは那覇空港のほか、八重山諸島の新石垣空港（石垣市）、波照間空港（竹富町）、与那国空港（与那国町）など12カ所が浮上した。全国最多である。

県政は「特定利用」同意見送り

結局、県は「特定利用」指定について「現時点では同意できない」と国に伝え、2024年度の空港・港湾整備予算要求を見送った。整備予算の計上方法、指定後に自衛隊がどのように空港・港湾を使用するかなど、不明な点があるというのが理由だった。

その後、2025年度の予算要求に向け、民間需要が高いと判断された新石垣空港、宮古空港、沖縄本島中部の中城湾港の3施設に限定し、指定に同意する方向で検討を開始したが、県議会与党の反発を受け「与党が反対する政策は導入できない」(池田竹州副知事)と、同意を先送りした。

空港・港湾の機能強化は、有事には自衛隊の対応能力を高め、県民の円滑な避難にも役立つ。平時には観光客誘致や住民の利便性向上につながる。離島住民にとって一石二鳥のはずだ。

「オール沖縄」県政は辺野古移設反対を政策の一丁目一番地に掲げるが、今、政府による離島空港の「特定利用」指定にも立ちふさがっている。

国防、さらには地域振興をも邪魔する県政とは、一体誰のために、何のために存在するのか。改めて疑問に思わざるを得ない。

しかも玉城は辺野古移設問題で常々、「民意を尊重せよ」と政府に移設反対を訴えてきたのではないか。その一方で、自らは離島の声に向き合わないとは、ダブルスタンダードも甚だしい。

「オール沖縄」県政がそこまで「特定利用」指定を拒絶するのは、支持層を構成する基地反対派の「軍事アレルギー」が背景にある。

その論理が鮮明に示されたのが県紙「琉球新報」の2024年1月7日付「沖縄の戦場化を回避せよ」というタイトルの社説だ。「政府は空港や港湾の強化は『(住民を避難させる)国民保護にも役立つ』と強調するが、訓練など日頃から軍事活動に使われれば、当然、攻撃の対象になる」と訴えた。その上で「『軍隊は住民を守らない』という沖縄戦の教訓の通り、自衛隊は住民を守るよりも戦闘を優先するだろう」「公共施設の軍事利用は、有事になれば住民を危険にさらすどころか、避難する手段を奪う。住民の命を顧みない『特定利用』は県民挙げて全力で阻止すべきだ」と訴えた。

平時には地域振興、有事には抑止力の強化に役立つ空港・港湾の整備を「県民挙げて阻止せよ」とアジるのは常軌を逸している。だが、こうした基地反対派の主張がそのまま「オール沖縄」県政の行動原理となっているのは疑う余地がない。

強化された空港・港湾は攻撃対象になるのか

「特定利用」指定で有事に空港が攻撃対象になるとの懸念について私の考えを付け加えたい。そもそも空港・港湾が攻撃対象になるかは「特定利用」指定の有無とは関係ない。その時々に相手国が決めることで、それは私たちの左右できない事柄だ。こちらが勝手に「攻撃される」と決めつけて騒ぐのは、相手国からすれば滑稽でしかないだろう。

私たちは戦争を防ぐため、また万一、不幸にも戦争が起こってしまったら、状況に迅速的確に対処するため、今、できる限りのことをするだけである。その取り組みの一つこそ「特定利用」による空港・港湾機能の強化だと考える。

岸田政権は2024年4月1日、「特定利用」の第一弾として7道県の16カ所を選定したと発表した。沖縄では国管理の那覇空港と石垣市管理の石垣港が指定された。両空港・港湾は管理者が県ではなく、石垣港に関しては国と市の間で調整がスムーズに進んだ。

石垣港の「特定利用」指定を受けて記者会見した中山は、内閣府、海保、防衛省との間で、自衛隊・海保が民生利用に配慮しつつ、柔軟・迅速に「石垣港を利用できるよう努める」とする3項目の確認を交わしたことも明らかにした。

指定に同意した理由について「港湾整備に前倒しで予算がつくと期待している。優先的に予算措置してもらえば、便利で利用価値が高い港湾になる」と説明。石垣港整備によって観光振興と安全保障の両立が図られるメリットを挙げ「陸路での救助や輸送が物理的に不可能な石垣市では、災害時の危機管理の観点からも港湾整備を進める必要がある」と力説した。

「指定されれば攻撃目標になる」という批判については「むしろ、自衛隊や海保の円滑な利用が可能となり抑止力を高めるとともに、災害時の迅速な展開にもつながり、ひいては市民の安全につながる」と理解を求めた。

「建議書」という名の党派的文書

玉城は沖縄が日本復帰50年の節目を迎える2022年5月15日を前に、「オール沖縄」勢力の主張である「抑止力の否定」を実際の政策として行動に移す。7日、「平和で豊かな沖縄の実現に向けた新たな建議書」を公表。10日には首相官邸を訪れ、岸田文雄首相に建議書を提出したのだ。

建議書は復帰50年の節目に沖縄の歴史や現在の課題を総まとめし、国を相手に新たな将来像を展望した文書だ。県が建議書を作成するのは復帰直前の1971年、琉球政府（当時）の屋良朝苗主席が日本政府に提出した「復帰措置に関する建議書」以来である。今回、県は有識者や県民の意見を聞いて取りまとめたとしている。

節目の年を迎えるにあたり、建議書を作成する意義は肯定できる。ただ、建議書の安全保障に関する部分は玉城県政が基調とする政治的イデオロギーがあまりに色濃く、多くの県民が無条件に共感できる内容とはほど遠かった。

「オール沖縄」が作成した建議書の内容を詳しく検討しよう。

特徴的なのは、あえて辺野古移設に触れ「現在政府が進めている辺野古新基地建設は、県民に新たな基地負担を強いるもの。政府の対応は、民主主義や地方自治の問題など、民主主義国家の根幹にかかわる重大な問題を顕在化させた」と断じたことだ。

その上で①国は民意に反し埋め立て工事を進めている②知事が行った処分が国に取り消され、地方自治の観点から大きな問題がある③新たな米軍基地の建設が国民的議論や国会での議論を経ることなく法的な根拠がないまま閣議決定のみで進められている――と非難した。

さらに政府が進める抑止力強化を槍玉に挙げた。

「アジア太平洋地域の安全保障環境の変化を背景に、沖縄の軍事的機能を強化しようとする動きや核兵器の共有、敵基地攻撃能力の保有等の議論が見られるようになっているが、このような考えは、悲惨な沖縄戦を経験した県民の平和を希求する思いとは全く相容れるものではない」

玉城の念頭にあるのは、岸田政権が２０２２年12月に改定した、いわゆる安保３文書（国家安全保障戦略、国家防衛戦略、防衛力整備計画）だ。

日本攻撃の意図を持つ他国に対する「反撃能力（敵基地攻撃能力）」の保有を認め、長距離ミサイルの導入などに舵を切った。急激な軍拡を進める中国の存在が念頭にある。

こうした考えを踏まえ、沖縄では２０２３年3月、石垣島に陸上自衛隊石垣駐屯地が開設されるなど、自衛隊の増強が進んでいる。

一方、建議書はこう強調する。

「軍事力の増強による抑止力の強化がかえって地域の緊張を高め、意図しない形で発生した武力衝突等がエスカレートすることにより本格的な軍事紛争に繋がる事態となることを懸念しており、ましてや米軍基地が集中しているがゆえに沖縄が攻撃目標とされるような事態は決してあってはならない」

結論として、建議書は政府に対し、次のことを求めた。

「在沖米軍基地のさらなる整理・縮小、日米地位協定の抜本的な見直し、基地の県外・国外移設、事件・事故等の基地負担の軽減、普天間飛行場の速やかな運用停止を含む一日も早い危険性の除去、辺野古新基地建設の断念等、構造的、差別的ともいわれている沖縄の基地問題の早期の解決を図る」

「アジア太平洋地域において、武力による抑止が国・地域間の緊張を過度に高め、不測の事態が起こることのないよう最大限の努力を払うとともに、平和的な外交・対話により緊張緩和と信頼醸成を図ることで同地域の平和の構築に寄与するなど、わが国が国際社会において名誉ある地位を占めるべく積極的な役割を果たすこと。その際、独自の歴史や多様性を持つ沖縄を最大限活用する」

私は「この文書は沖縄県民の総意を代弁した文書なのか、それとも『オール沖縄』の宣伝ビラなのか」という疑問を抱いた。

県民の間で賛否が割れ、政府との大きな対立点となっている辺野古移設問題にあえて触れることは、建議書に本来求められている政治的中立性を損う。建議書というより党派的な文書というイメージが強まり、少なからぬ県民を困惑させる内容になってしまった。

建議書には平和を希求する沖縄の心、日米地位協定の抜本的改定、普天間飛行場の速やかな運用停止など、県民の思いを代弁する主張も入っている。本来そうした点に主眼を置くべきで、辺野古に言及する必要性は全くなかったのではないか。

沖縄への米軍基地集中は、政府による差別政策の結果ではない。沖縄が安全保障の要衝にあり、沖縄戦や米軍統治を経験したという地理的、歴史的事情によるものだ。

基地問題は外交や安全保障の観点から語られるべきであり、本来、人種や男女の平等を考える際に使う「差別」という言葉が紛れ込むのは場違いだ。基地反対派がある時期から「差別」と言い出したせいで、沖縄の基地問題はより混迷し、複雑化してしまったのだと思う。

だから建議書が沖縄の基地問題を一概に「構造的、差別的」と決めつけ、本土を一方的に糾弾する表現になっていることは、本来あるべき未来志向という意味においても建議書の価値を減じている。

沖縄を取り巻く現在の国際環境は厳しい。しかし建議書では「武力による抑止が国・地域間の緊張を過度に高め、不測の事態が起こることのないよう最大限の努力を」と、抑止力への不信を吐露している。

沖縄の軍事的機能強化、核兵器の共有、敵基地攻撃能力の保有などの議論についても「県民の平和を希求する思いとは全く相容れるものではありません」と断じた。

建議書が訴える平和外交で緊張緩和が図られるなら、何の苦労もない。だが後述のように、石垣市の尖閣諸島周辺では中国政府が派遣した複数の艦船が常駐し、漁業者は海保の警護なくして安全に操業できない状況が続く。

中国の領土的野心見ぬ不見識

建議書の発表と時を同じくして、中国空母「遼寧」は沖縄、台湾と目と鼻の先の海域で戦闘機の出撃訓練を繰り返していた。周辺国の一方的な領土的野心が沖縄を危機に追いやっているという現実認識が、建議書には決定的に欠ける。

抑止力への過度の依存は戒められるべきだが、建議書の内容は、あまりにも非現実的である。一般的な国民の理解は得られないだろう。

多少評価できる面もある。1971年の建議書では自衛隊配備に反対する記述もあったが、今回の建議書では自衛隊には触れなかった。玉城は「私は専守防衛の組織としての自衛隊を認めている」と理由を説明した。

50年前に比べ、自衛隊に対する県民の信頼は飛躍的に高まっている。抑止力を疑問視する立場の県としても、自衛隊に対する否定的な記述は盛り込めなかったというのが実情だろう。

とはいえ、沖縄の復帰50年という佳節を祝い、将来を展望するべき公的文書の建議書は、こうして党派色にまみれてしまった。憤りを感じる。

しかも玉城は沖縄県民の代表として首相官邸に出向き、県民の総意とは言い難い党派的文書を岸田首相に手渡したのである。玉城によると、岸田は「県民との意思疎通を図り、思いを持って建議書を読みたい」と応じたという。

首相が一都道府県知事との面会に応じるのはそもそも異例なのである。希望すればかなりの確率で首相に会えるというのは、基地問題を抱える沖縄県知事の「特権」と言っていい。玉城は、そうした立場を使って首相と面会し「抑止力ノー」の思想を全国に向けてアピールしたのだ。

改めて繰り返すが「オール沖縄」勢力が主導する辺野古移設反対運動は、日本の抑止力否定がセットになっている。玉城は首相への建議書提出にとどまらず、全国へのキャラバンやメディア出演などを通じ、辺野古移設反対への理解を全国に広げる取り組みを精力的に推進しているが、それは日本の抑止力を低下させる活動と表裏一体だ。

米軍基地の整理縮小は県民の切実な願いだが「基地負担軽減」の衣をまとい、あらぬ方向へと日本人を誘導していないか。本土住民も沖縄県も、ことの本質を明確に理解する必要がある。

「保守」を自称する玉城の抑止力アレルギー

玉城の「抑止力アレルギー」は、県議会で行った2023年度所信表明演説でも明らかだった。かなりのスペースを政府の安保関連3文書策定への批判に費やしたのだ。

「沖縄を含むと考えられる『南西地域』を『第一線』とする安保関連3文書が策定されたことは、熾烈な沖縄戦の記憶と相まって、県民の間に大きな不安を生じさせる」

「軍事力の増強による抑止力の強化がかえって地域の緊張を高め、不測の事態が生ずることを強く懸念しており、ましてや米軍基地が集中していることに加え、自衛隊の急激な基地機能強化により沖縄が攻撃目標になるリスクを更に高める事態を生じさせてはならない」

政府は沖縄に駐留する陸自第15旅団を2026年に師団に格上げするなど、沖縄で自衛隊の増強を進めている。2023年3月には陸自の石垣島駐屯地が開設され、奄美大島、宮古島、石垣島、与那国島と続く離島への自衛隊配備が完結。沖縄本島以南の「防衛の空白地帯」も解消された。

だが玉城は「私は、沖縄の基地負担の軽減は米軍と自衛隊を併せて検討される必要があると考えている」と言明。従来の米軍批判に加え、自衛隊の撤退や縮小を促すような姿勢も示し始めた。

「保守」を自称する玉城が、ここまで自衛隊に厳しいスタンスを明確化するのは初めてだ。これでは「日本は抑止力を削減せよ」と訴えているのも同然である。

「オール沖縄」県政の存在そのものが、日本の安全保障にとって障害となる事態も生じている。

在沖海兵隊は同年1月「離島の災害救援訓練」などのため、宮古島にある下地島空港の使用を県に通告したが、県が使用自粛を求めたため中止した。

下地島空港は、那覇空港以外では3000メートル滑走路を持つ県内唯一の空港で、有事の際に活用が期待される。ただ1971年、当時の琉球政府と日本政府は「屋良覚書」という確認書を作成し、民間航空機以外に下地島空港を使用させないことを定めた。

玉城は下地島空港を軍事利用させない方針を改めて強調し、2月の県議会では「屋良覚書」を条例化する方針を打ち出した。米軍や自衛隊が下地島空港を使用できないよう、条例で何らかの法的拘束力を持たせる方策を検討するという。

もとより人命救助や緊急避難の場合は、県も米軍や自衛隊の下地島空港使用を認めている。だが有事に備えた訓練は、平素から恒常的に行われるべきものだ。

しかも下地島空港の重要性を考えると、わざわざ条例を作ってまで米軍や自衛隊の訓練を妨害するというのは、常軌を逸しているとしか思えない。県の方針はむしろ、有事の際の宮古、八重山住民を危険にさらすだけではないか。

反自衛隊を煽る沖縄メディア

自衛隊に非難の矛先を向けるのは「オール沖縄」県政だけではない。沖縄メディアも「反自衛隊」の急先鋒である。

6月は「慰霊の日」を中心に、沖縄にとって鎮魂の月だ。そのタイミングを狙ったのだろう。2024年6月3日、琉球新報は1面トップで、自衛隊を攻撃する記事を掲載した。

「那覇市に拠点を置く陸上自衛隊第15旅団がホームページで、沖縄戦を指揮した日本軍第32軍牛島満司令官の辞世の句を掲載していることが分かった。15旅団によると、2018年に公式ページを更新した時から載せていた。識者は、戦略持久戦などを展開した県民を犠牲にした日本軍と自衛隊のつながりを示し、美化するような内容を疑問視している」

15旅団の沿革を紹介するページには、牛島司令官の「秋待たで　枯れ行く島の　青草は　皇国の春に　甦らなむ」という辞世の句の画像が貼られている。

琉球新報は記事で「県内各地で軍事要塞化が進み、15旅団を『師団』に格上げする方針が示される中（中略）『静々と日本軍と一体化』『組織ぐるみの歴史戦』と警戒する声が出ている」、社説では「自衛隊は、日本を再び『皇国』とし、自らを『皇軍』にしたいのか。『誤解を招く』ではすまない事態がまた明らかになった」と糾弾した。

この報道に対し木原稔防衛相は、参院外交防衛委員会で「沖縄の本土復帰直後の歴史的事実を示す資料として部隊の沿革を紹介するホームページに記載している」と説明した。ホームページから辞世の句を削除しない考えを示した。

琉球新報は攻撃のボルテージを上げた。5日付紙面の見出しは「県民感情無視するのか」「軍国主義回帰の懸念も」と仰々しいものだった。

県民に大きな犠牲を出した沖縄戦当時の旧日本軍と、現在の自衛隊をあえて同一視する意図のようなものが感じられる。同じ県民の目線からも、生産性のない不毛な議論に映ってしまう。

牛島司令官は沖縄戦末期、当初司令部を置いた首里から南部への撤退を決断。北部に避難できなかった住民が戦闘に巻き込まれ、多くの犠牲を出した。沖縄では毀誉褒貶《きよほうへん》の多い人物だ。だとしても戦後約80年を経た現在、「辞世の句」掲載をもって、自衛隊が旧日本軍のような組織に変質していると断じる論理は理解しがたい。

旧日本軍は天皇の軍隊という位置づけだった。自衛隊はシビリアンコントロール（文民統制）のもとにあり、組織の性格が根本的に異なる。個々の自衛隊員の思想はどうあれ、旧日本軍的な暴走は法制度の上から有り得ない。

戦後、国土防衛と災害対処に黙々と汗を流してきた自衛隊の姿を見てきた県民は、当然そのことを知っているはずである。まして「辞世の句」掲載から6年も経過し、その間、何の問題も起きていない。

牛島司令官が自決したとされる日は沖縄の「慰霊の日」となっている。陸自が辞世の句を「歴史的資料」としてホームページで紹介するのは、一般的な感覚からしても特異なことではない。自衛隊と旧日本軍の「連続性」「一体性」をことさらに強調することで、県民の自衛隊への警戒心や反感を煽る意図が存在するのではないか。一連の報道を見ると、そう感じざるを得ない。

牛島司令官の「辞世の句」に関する琉球新報の報道が出た3日後の6月6日、今度は沖縄タイムスが自衛隊の「揚げ足取り」報道に動いた。1面トップで「陸自幹部候補生学校(福岡県久留米市)が、『沖縄作戦において日本軍が長期にわたり善戦敢闘し得た』と評価し、幹部候補生の教育方針にしていたことが市民団体の情報公開で分かった。(中略)住民被害には触れておらず、識者は『戦闘の仕方ばかりを取り上げているのは問題だ』と指摘している」と報じたのだ。

識者として林博史関東学院大名誉教授が「自衛隊の戦史教育において住民保護の観点が欠落しているのは大きな問題」「そもそも、日本が戦場にならないようにどうすべきか考えなければならない」とコメントしている。

沖縄戦で、圧倒的劣勢の日本軍が米軍に予想外の被害を出させ、結果として本土決戦が回避された、という見方は研究者の間で存在する。その意味で日本軍が「善戦敢闘」したのは事実だろう。自衛隊とは侵略者と戦う組織である以上、沖縄戦を戦略・戦術という見方から研究するのは当たり前で「善戦敢闘」という表現の何が問題なのか、さっぱり分からない。

台湾有事をにらんだ現在の国民保護計画でも、自衛隊の主任務は侵略者の排除であり、住民保護ではない。それは県、市町村、国の行政機関の仕事なのだ。

沖縄タイムスは旧日本軍と同じく、自衛隊はヒューマニズムが足りない組織だと言いたいのかも知れない。だが沖縄メディアが自衛隊の足を引っ張っている間に、仮に中国の人民解放軍が沖縄に上陸すれば、人間性の欠片もない蛮行が繰り広げられることだろう。

日々、県民の安心安全のために鍛錬している自衛官たちが、沖縄メディアによって、このような形で誹謗《ひぼう》中傷されるのを見ると、うんざりしてしまう。

台湾情勢や尖閣情勢など、現在の沖縄を取り巻く安全保障環境は厳しく、脅威から沖縄をどう守るかが喫緊の課題だ。自衛隊について考えるなら、自衛隊をより力強く、即応能力がある組織にするため何が必要かという視点でこそ活発な議論をしたい。

訓練場建設断念を喜ぶ浅慮

だが、沖縄メディアの自衛隊に対するネガティブキャンペーンは凄まじい。2024年4月には、防衛省が沖縄県うるま市のゴルフ場跡地で計画していた自衛隊訓練場の整備計画が断念に追い込まれた。地域住民が「生活に影響が出る」と反発し、沖縄メディアも連日、計画を激しく非難。政府与党側の自民党沖縄県連までもが反旗を翻し、木原防衛相に反対を直訴する事態に発展したのだ。

沖縄では訓練場断念が「住民運動の勝利」「民主主義が正しく機能」（沖縄タイムス）「保革超え強行阻止」「住民犠牲に『ノー』」（琉球新報）と、美談扱いで大々的に報じられている。

基地反対派や地域住民はお祭り騒ぎだ。反対運動の中心になった住民たちは後世の参考にしてほしいと、本を発刊するという。だが、そんなに喜んでいる場合だろうか。

丁寧な根回しを怠った防衛省の失態は隠しようもない。とはいえ、沖縄を他国の攻撃から守り、災害時には復興支援に尽力する自衛隊施設の存在は、地域にとって「負担」なのか。今回の騒動に関し「平和を願う住民が軍事基地建設を阻止した」という論調のみ横行する沖縄の現状に、虚しさを禁じ得ない。

訓練場整備は中国の脅威をにらみ、第15旅団が師団に格上げされることに伴い計画された。

政府は2024年度予算案に用地取得費を計上したが、まず地域の自治会が抵抗ののろしを上げ、知事の玉城、うるま市長ら、地元政治家も続々と計画阻止に動いた。自民党県連も6月に県議選を控えて世論を意識せざるを得ず、防衛省は退路をふさがれた。

余勢を駆ってか、玉城は計画断念直後の市民集会で「沖縄県内で米軍基地の整理縮小、撤去の上にのしかかるような、新たな自衛隊基地は造らせない」と発言。うるま市以外の場所であっても、訓練場建設は認めない方針を示唆した。

訓練場が地域の住民生活に重大な影響を及ぼすのなら、計画の見直しは避けられない。だが一連の経緯を見ると、訓練場は自衛隊の施設というだけで問答無用に「迷惑施設」扱いされ、反対運動はそのまま反戦運動の様相を呈した。この間、沖縄を取り巻く厳しい国際情勢は、ほとんど議論された形跡がない。

訓練場の整備計画が遅れることで沖縄の防衛に支障が出る可能性があるなら、今回の計画断念は、誰にとっての「勝利」でもない。あえて勝者を探すならそれは地域住民でも県民でもなく、沖縄をうかがう中国だろう。

玉城の発言に象徴されるように、今後、沖縄では防衛関連の施設整備が一層困難になるかも知れない。すべての当事者はこの結果を厳粛に受け止め、どうすれば抑止力強化と住民生活の両立を図れるか、真剣に考えなくてはならない。

もう一つ、同胞である県民に呼び掛けたい。米軍基地と違い、自衛隊施設は日本の公共施設だ。事件や事故で住民に被害が及べば、日本の法律で厳正に処理される。住民生活に配慮した運用ができれば、自衛隊施設は有事や災害から住民を守る地域の資産になる。

「抑止力の否定」でタッグを組む「オール沖縄」県政と沖縄メディアの攻勢は今後も続く。在沖米軍や沖縄の自衛隊は中国、ロシア、北朝鮮の脅威と対峙する前に、県政とメディアによる有形無形の妨害と闘わなくてはならない。

弱者の目線に立ち、県民の基地被害を訴えてきた沖縄メディアの功績を否定するものではない。問題なのは「反基地」がイデオロギーと化してしまったことで、沖縄を取り巻く厳しい国際環境に対応できなくなってしまった現状である。

第四章　緊迫化する尖閣・台湾

「ここは中国」我が物顔の中国艦船

「釣魚島（尖閣諸島の魚釣島の中国側呼称）は古来、中国固有の領土である。貴船は我が国の領海に侵入した。直ちに退去してください」

２０２３年１月30日。尖閣諸島・魚釣島の周辺海域では、市長の中山義隆や東海大教授の山田吉彦らが乗る調査船が、魚釣島の写真撮影などを行っていた。その時、船内の無線機からは、尖閣周辺で航行を続けている中国海警局の艦船から、ひっきりなしに退去を呼び掛ける音声が流れていた。

調査船に同乗した八重山日報の記者は、尖閣諸島の侵奪を狙う中国の圧力が目前に迫っている現状を実感した。

尖閣諸島は日本固有の領土であり、沖縄県石垣市の行政区域である。市は東海大の協力を得て調査船をチャーターし、２０２２年から毎年、周辺海域の海洋調査を実施している。

日本政府が禁止する尖閣諸島への上陸はできないが、周辺海域で海水の採取、ドローンによる写真撮影などを続けている。

海洋調査の目的について市は「石垣市の周辺海域の維持・保全及び利活用のため、水質及び海流等の海洋調査を実施するとともに、周辺海域の漂流ゴミや海岸漂着ゴミの実態を把握すること、ま

尖閣諸島の周辺海域で中国公船を排除する海上保安庁の警備艇。海保の警戒強化にもかかわらず、中国公船は領海侵入などを繰り返し、尖閣諸島の侵奪に向けた圧力を強めている

た、魚釣島等の自然環境の状況を把握することを目的とする」と対外的に公表した。

だが市の真意は、尖閣諸島の侵奪を狙う中国の圧力が年々強まる中、島々を管轄する自治体としてできることをやり、日本の領有権を国内外へ明示することにある。

調査の日、中国艦船は容赦なく調査船に迫ってきた。八重山日報の報道から1月30日の状況を再現しよう。

調査船は午前6時、尖閣諸島周辺に到着した。領海警備にあたる海保とは、もちろん事前に打ち合わせを行っている。この時、尖閣周辺を航行する巡視船と中国海警局の艦船は、相互に「島の周辺に近づくな」と警告を繰り返していた。

午前6時1分、調査船内の無線機から、中国艦船の警告が流れた。

「日本国・海上保安庁、こちらは中国・海警。貴船の主張は受け入れられない。釣魚島は古来より中国固有の領土で、周辺12海里は中国の領海だ」。片言の日本語だった。

海保巡視船ＰＬ81も即座に回答した。「尖閣諸島は日本の領土である。貴船の主張は受け入れられない」。さらに、中国語でも同じ内容の文言を繰り返した。双方のやり取りは、このあとも延々と続いた。

調査船周辺では5隻の巡視船が警護に当たっていた。そこへ中国艦船2隻が接近。調査船に迫ったが、並走する巡視船が進路をふさぎ、中国艦船の前進を阻止した。

午前6時半、後方にいた中国艦船1隻が調査船から離れたため、巡視船1隻も同船と並走したまま離れていった。別の1隻はなおも調査船を追い続けたが、並走する巡視船1隻は巧みに中国艦船の進路を塞ぎ、調査船への接近を阻止し続けた。

午前7時過ぎ、夜明けに合わせるように、調査船から魚釣島が見え始めた。岩がそびえ立つような島だ。調査船は時計回りに島周辺を一周し、ドローンで空撮した。

魚釣島では沖縄戦時の１９４５年7月、石垣島から台湾に向かった疎開船が米軍の銃撃を受けて沈没し、漂着した避難民が次々と餓死する悲劇が起きた。「尖閣列島戦時遭難事件」と呼ばれる。中山ら乗船者は犠牲者の慰霊を行い、海中に花束を投げ入れた。

調査船が魚釣島周辺を離れたのは正午ごろ。石垣島に帰島後、翌31日の会見で山田教授は「海保の協力で調査ができた」と感謝した。

2024年4月には3回目の海洋調査が行われ、この時も中国艦船2隻が調査船に接近を試みたが、海保は12隻の巡視船を配置して調査船を護衛し、中国艦船を寄せ付けなかった。

調査終了後、取材に応じた中山は「生態系の調査はドローンでは限界。上陸調査が必要」と述べ、上陸調査に意欲を示した。

現在の緊迫した国際情勢の中で、日本人がただちに上陸することは現実的ではないかも知れない。だが上陸の必要性を常に訴え、世論を喚起し続けることは必要だ。そして、いずれは必ず上陸し、領土保全に必要な措置を講じなければならない。

市の調査はテレビや新聞で大きく報道され、尖閣諸島に対する内外の関心を高めた。一般世論に対し、尖閣諸島が日本固有の領土であり、石垣市の行政区域であることを改めて啓発した意義は大きい。

2024年の調査では、八重山日報記者の松村超が初めて、魚釣島に生息する野生ヤギの撮影に成功した。ヤギは1978年、日本の政治団体が魚釣島に持ち込んだが、その後繁殖し、島の植生を食い荒らしている。

魚釣島では地盤の崩落が始まるなど、環境悪化や生態系の攪乱《かくらん》が懸念されているが、民間人が上陸できないため有効な手立てが取られていない。また、大量のごみが海岸に漂着している実態が明らかになった。

生態系の破壊を食い止めるには、研究者や行政の担当者らが上陸して現状をつぶさに調べ、ヤギ駆除などの対策を取る必要がある。

２０２４年４月の調査では2日にわたって調査船が石垣島から出港し、2回目の出港時、稲田朋美元防衛相や青山繁晴参院議員ら国会議員５人が初めて同行した。

東京に戻った後、日本外国特派員協会で記者会見した稲田によると、中国艦船は無線で「ここは中国古来の領土だ。出ていけ、アウト！」と脅してきたという。石垣市の海洋調査に対し、これまで特に反応がなかった中国外務省も、国会議員の調査船乗船に「挑発行為だ。事態をエスカレートさせる一方的なやり方を直ちにやめるべきだ」と抗議してきた。

だが、尖閣周辺海域の緊張状態をエスカレートさせているのはどちらだろうか。尖閣周辺に艦船を常駐させる中国の行為こそ、日中友好を阻み、両国の緊張関係をエスカレートさせている。自らの行為を棚に上げ、日本政府や石垣市に責任転嫁するような言動は卑劣だ。

常駐する「第二海軍」の脅威

尖閣周辺海域では現在、中国海警局の艦船が「常駐」している。２０２４年5月27日、領海外側にある接続水域では、中国艦船の連続航行日数が１５８日となり、２０２１年の連続航行日数を上回って過去最長となった。中国艦船の航行はその後も続いており、同年7月には200日を突破した。

八重山諸島周辺に台風が接近したことを受け、連続航行日数の最長記録は7月23日、215日で途切れた。台風が来なければ、あるいは日本政府が何らかの効果的な手を打たなければ、今後ともこの記録は際限なく延び続けるだろう。2024年には、尖閣周辺の接続水域で中国艦船の航行日数が過去最多の355日に達した。

中国艦船による領海侵入や、周辺を航行する日本漁船への威嚇も常態化している。

中国政府が尖閣周辺への艦船（または公船）派遣を開始したのは、2012年9月11日の日本政府による尖閣国有化がきっかけだ。中国政府としては対抗措置という名目だが、実際にはそれ以前から尖閣を虎視眈々と狙っていた。「これで公然と尖閣を侵略できる」。中国政府は膝を叩いて喜んだのではないか。艦船派遣はその後、10年以上も続く。

中国側は艦船を派遣し、日本漁船の操業を妨害することで尖閣諸島を侵奪し、国際社会に領有権をアピールする狙いがあると見られる。

中国艦船の「常駐」が可能になったのは、船舶の大型化、操船技術の向上なども要因と見られる。

中国艦船は通常4隻体制で、うち1隻は機関砲を搭載する。

日本漁船が周辺を航行した際は、2隻体制で挟み撃ちのように追跡し、接近を試みる行動がパターン化している。巡視船が中国艦船の接近を阻止し、漁業者の安全を確保している。

危険を顧みず、石垣島から10年以上も尖閣周辺への出漁を続けている勇気ある漁業者が石垣市議の仲間均だ。9・1トンの漁船「鶴丸」に乗り込み、通常3人ほどで尖閣海域に向かう。高級魚アカマチ（ハマダイ）が豊富に採れる好漁場だが、領海侵入した中国艦船に追われ、満足に漁を続けられないことも一度や二度ではない。だが怯むことなく水揚げを敢行し、石垣島の料理店などへ出荷する。

私は仲間が漁から戻るたびに話を聞いているが、仲間は2024年5月「中国船がだんだん島に近づいている。情勢は悪化している」と危機感をあらわにした。

「鶴丸」が出漁したのは5月19日から2日間で、仲間のほか、いずれも漁労歴が長い竹富町議の山下義雄、医師の門間一成が乗り込んだ。19日午後5時ごろ、石垣島から出港し、20日午前1時ごろ、尖閣周辺に到着した。

中国艦船は「海警1301」と、機関砲らしきものを搭載した「海警1305」が待ち構えており、ただちに「鶴丸」の追尾を開始した。

海上保安庁の巡視船が鶴丸をガードしたが、中国艦船は、鶴丸と一時、約50メートルまで距離を詰めてきたという。

門間によると、海保の巡視船は鶴丸周辺に集結したが、その隙を突くように中国艦船は魚釣島に接近。「中国船のほうが島の近くを航行していたので、どちらが島を守っているのか分からず、立場が逆転したような状況だった。日本は、本来は中国船を拿捕《だほ》するくらいでないといけない」と嘆いた。

私が知る限りでは、現在、尖閣海域に頻繁に出漁している漁船は、石垣島、与那国島、宮古島で計10隻にも満たない。最も出漁回数が多い仲間も2025年で76歳と高齢だ。尖閣諸島には天候が急変した時に避難できる港もなく、何かあれば手ぶらで引き返さなくてはならないため、漁業者にとっては、もともとリスキーな漁場である。あと10年もすれば、尖閣海域を目指す日本の漁業者はいなくなってしまうのではないかと危惧する。

私の経験も紹介しよう。2013年、石垣島から仲間の漁船に同乗して尖閣周辺海域に行った。領海侵入した中国艦船が待ち構えていて、私たちの漁船に急接近。千トン級の艦船が、わずか10トン程度しかないくり船のような漁船に体当たりするような素振りを見せた。

巡視船が中国船と漁船の間に割って入り、何とか事なきを得たが、私がその時感じたのは、中国政府には「平和的な話し合い」で問題を解決しようとする思考回路など存在しないということだ。

ところで、私は中国海警局の船舶を「艦船」と呼んでいる。八重山日報以外でこの呼称を採用しているメディアはないが、私がこの呼称にこだわるのには理由がある。中国海警局は2018年、中国共産党中央軍事委員会の指導・指揮を受ける人民武装警察部隊（武警）に編入され、その隷下に入った。今や事実上の軍事組織として「第二海軍」と呼ばれることもあるのだ。

「サラミ戦術」で削られる日本領土

中国政府は「尖閣問題」に本腰を入れて取り組んでいる。最近の動きを見てみよう。

２０２１年には後述する海警法を制定。人工衛星で独自に測量した尖閣諸島の調査報告書を発表（４月）、沖縄本島と宮古島間を通過した中国空母「遼寧」から発進したヘリが尖閣周辺を飛行（同）、中国がウェブ上で開設した「釣魚島（尖閣の中国側呼称）デジタル博物館」で日本語、英語の展示開始（同）――といった具合だ。

２０２２年５月上旬、沖縄周辺に展開した空母「遼寧」から戦闘機やヘリが３００回以上の発着艦を繰り返した。「遼寧」は一時、石垣島の南方１５０キロまで接近。公海上ではあるが、石垣島と尖閣諸島の距離１７０キロより近く、まさに目と鼻の先である。政府によると日本の排他的経済水域（ＥＥＺ）でもある。

中国東部戦区の報道官は「米国と台湾が結託して行動していることへの厳正な警告だ」とする談話を発表した。台湾侵攻をにらんだ訓練だが、中国が台湾の一部と主張する尖閣諸島も十分に視野に入れていることがうかがえる。

２０２３年には政府の漁解禁を受け、１５０超の中国漁船が尖閣周辺に押し寄せた。領海侵入はなかったが、日本側に緊張が走った。

2024年には中国海警局艦船が武装強化、連続航行日数の最長記録更新などが目立つ。

こうして見ると、中国が尖閣周辺で無為に時を過ごした年はなく、毎年のように必ず何かを仕掛けている。少しずつ日本の領土を削り取る「サラミ戦術」である。一般の日本人が思っている以上に、中国は尖閣侵奪へ着々と歩を進めているのだ。

中国艦船は、既に尖閣諸島を実効支配しているかのように振る舞っている。尖閣周辺に常駐する艦船は通常4隻。月1回のペースで派遣されてくる別の4隻と交代するが、この際に領海侵入するのが〝通例〟となっている。

中国艦船が領海侵入するパターンがもう一つある。尖閣周辺に日本漁船が出漁してくると、領海に入り込んで待ち構え、執拗《しつよう》な追跡と漁の妨害を始めるのだ。海保が漁船の周辺に巡視船を配置し、漁業者の安全を確保しており、これまで日本の漁業者が直接に攻撃を受けたり、怪我を負わされるなどの事例はない。

ただ、中国側も尖閣周辺で多数の艦船を動員できる能力は持っている。漁船や調査船への妨害行為をある程度自制していることは確かだろう。

中国艦船は、同じく領有権を一方的に主張する南シナ海では、フィリピン巡視船に放水するなど傍若無人の態度を見せる。

尖閣周辺での行動は現時点で、そこまで過激化していない。それは米国政府が尖閣諸島を日米安全保障条約の適用範囲内であると明言し、尖閣を日本と共同防衛する構えを見せているからではないか。

日中の国力差が日増しに拡大している現状を考えると、日米同盟の抑止力が、辛うじて中国の沖縄侵入を防いでいるという見方もできる。

だが中国艦船が遊弋《ゆうよく》する尖閣の海へ、漁業者があえて出漁するには勇気がいる。また昨今の燃料費高騰で、尖閣周辺に向かうにはコストもかかるので、普通の漁業者は二の足を踏む。

とはいえ、尖閣周辺で日本の漁業者が漁をしなくなれば、そこは日中の公船、艦船が行き交うだけの不毛の海になる。日本漁船が姿を消すだけでも、尖閣侵奪を目指す中国にとっては明らかな成果なのである。

中国に迎合する残念な人々

だが残念なことに沖縄県内にも、中国側の言動に迎合する動きがある。

沖縄タイムスは2021年2月、中国艦船に威嚇されている日本漁船について「複数の関係者によると、現在、尖閣海域で航行するのは一部の活動家や漁師で、そうした船が海警船の追尾を受けているという」と記した。

一読すると「今どき尖閣に行く人間は中国を挑発する目的の活動家だ。中国船から威嚇されるのも自業自得だ」と言わんばかりの記事である。

２０２３年8月、「オール沖縄」の政治家で、立憲民主党の前衆院議員（現在は現職）、屋良朝博が石垣市で講演し、尖閣周辺の領海侵入について「既に儀礼的な侵入になっている。1カ月に1回、2時間だけ。漁民は互いのルールに基づいて管理しようというのを日中で合意済みだ」と述べた。

その上で「日本はグリップできていない人が若干人いる。それが問題だ」とも発言。日本の漁船が尖閣周辺に出漁し、中国側を刺激しているとして、暗に出漁を止めない日本政府に非があるかのような主張を展開した。

屋良が「問題視」している日本の漁民とは「中国の船を撮影してユーチューブで流している」人物だという。尖閣周辺に定期的に出漁し、動画を配信している石垣市議の仲間を指していることは明白だ。

屋良に限らず「オール沖縄」の政治家たちは尖閣に関し、おしなべて似たようなことを言う。確かに緊張状態にあるが、互いにエスカレートしないよう自制を保っている。中国側を刺激しないことが大事だ、と。

結局「オール沖縄」とは「尖閣軽視、基地問題重視」という沖縄本島の空気感を体現した政治勢力なのだ。沖縄本島の空気感とは、反基地イデオロギーに染まったメディアと政治家の「複合体」が生んだ政治風土である。

私が危惧するのは、確たる安全保障政策を持たない「オール沖縄」のような政党が政権を取った場合、尖閣侵奪を目指す中国の攻勢がさらに激しさを増すのでは、ということだ。中国は自公政権の現在ですら、尖閣で徐々に間合いを詰めている。

２０２１年2月、中国政府は海警局に武器使用を認めた「海警法」を施行した。海上で中国の主権や管轄権を侵害する外国の組織や個人に「武器の使用を含むあらゆる措置」を認めるものだ。

防衛白書によると、２０２０年現在、中国が保有する千トン級以上の海上法執行船は１３１隻で、日本の巡視船の69隻を大きく凌駕している。日中の軍事力、経済力バランスは近年、大きく中国優位に傾いているから、この差は今後も開く一方だろう。

そもそも、中国海警局の艦船と日本の巡視船は「対等」の立場とは言えない。前述のように海警局はれっきとした軍事組織なのだ。彼らは軍事的な戦術、戦略に基づいて行動している。

一方の海保は、海上保安庁法で軍事組織であることを明確に否定されており、あくまで「海上警察」でしかない。つまり尖閣海域では、法的には中国の軍隊と日本の警察がにらみ合っている状態であり、仮に正面衝突となれば、どちらが有利かは火を見るより明らかだ。

中国が大量の艦船を尖閣海域に派遣し、巡視船を圧倒したならば、見せしめとして日本漁船を拿捕し、白昼堂々、漁業者を中国本土に拉致する可能性すらある。

そうなれば日本の尖閣領有権は瓦解し、尖閣周辺は「南シナ海」と化する。尖閣が中国の手に落ちれば、次は海域の埋め立てや軍事基地建設が始まることだろう。石垣島のわずか１７０キロ先に、中国の巨大な勢力圏が誕生する。まさに悪夢である。

海保によると、尖閣周辺で常駐する中国艦船は通常４隻で、うち１隻が機関砲の搭載船なのが通例だったが、２０２４年６月７日、機関砲を搭載した中国艦船が初めて４隻同時に領海侵入した。その後も尖閣周辺で常駐する４隻はすべてが機関砲搭載に切り替わり、武装強化の動きを見せた。

東海大学教授の山田吉彦は、私の取材に対し、背景に台湾有事の備えを固める日本への不満があるとして「『武力行使も辞さない』という一種の脅迫のメッセージを送っていると思われる」と分析した。

当時、頼清徳新政権が誕生したばかりだった台湾に対し、中国が武力による威圧的な行動を強めていることを挙げ「（台湾有事の際）日本が台湾に肩入れすれば、武力行使も有り得るという脅迫だろう」と見る。

中国艦船はこれまで尖閣周辺で、日本漁船や石垣市の調査船に対して操業や調査の妨害を試みてきた。だが、すべて海上保安庁の巡視船に接近を阻まれている。山田は、尖閣の侵奪を目指す中国政府がこうした現状に苛立ちを強めているとして、「（艦船の武装強化には）日本側に対する強い姿勢を示し、けん制しようとする意図もあるのでは」と推測する。

時を同じくして、南シナ海ほぼ全域の領有権を主張し、軍艦や海警局船を派遣している中国は、さらに行動を過激化させた。フィリピン船への放水や体当たりなどの危険行為を繰り返したのだ。

中国は同年6月15日に「海警機構行政執行法手続き規定」を施行した。2021年に制定し、海警局の武器使用を認めた「海警法」を執行するための詳細規定のようだ。中国領海に違法侵入した疑いがある外国人を最長60日拘束できることを盛り込んだ。

海警局船は新法令に基づき、フィリピン船に臨検を実施したと発表した。フィリピンメディアによると、中国側はフィリピンのゴムボートを一時拿捕《だほ》し、ボートに穴を開けるなどの行動に出たという。新法令施行を口実に、南シナ海支配に向けた行動をさらにエスカレートさせているとしか思えない。

尖閣諸島周辺の中国艦船が同じタイミングで武装強化したのも、恐らく偶然ではないだろう。

尖閣を守る石垣市の知恵

尖閣周辺の中国艦船による日本漁船への接近事案について、海保は一切公表してこなかったが、2020年5月から方針を転換。接近事案が起きるたびにプレスリリースを出している。中国艦船のやりたい放題に「これ以上口をつぐんでいいのか」という危機感が政府の中でも高まってきたということだろう。

恐らく日本政府は外交的配慮から、中国艦船が日本漁船を威嚇している事実を公式には伏せて

尖閣諸島周辺海域の調査で船上から視察する石垣市の中山義隆市長

いたのだろうが、中国政府にはそうした日本側の「配慮」に感謝する様子は一切なく、ひたすら日本領海内に押し込む姿勢を見せていたからである。

海保が公式に発表したことで沖縄メディアも無視できなくなり、県紙は中国艦船の威嚇行為を、社会面の比較的大きな見出しで報じた。

だが記事の内容は淡々と事実関係を伝えただけで、続報もなかった。その後、海保が同じような発表を何度も繰り返すようになり、異常事態が常態化していることが明らかになると、県紙の扱いも小さくなった（本来は逆なのだが）。

琉球新報は2021年、日本政府が制定した安全保障上重要な土地の利用を規制する法律に関し、規制対象が曖昧だとして、こう批判した。

「政府与党は、中国当局による外国船舶への武器使用を可能にした海警法を巡り、適用海域や武器使用権限が曖昧だと疑問視した経緯がある。民主主義、法治国家を標ぼうする日本ならば、模範を示す観点からも、法律で例を盛り込むべきだ」

つまり「日本は偉そうに中国の海警法を批判しているが、中国に模範を示せるほど立派な国なのか」と暗に日本をあてこすっている。いかにも中国政府が言いそうなことを、被害者であるはずの沖縄メディアが口にする光景は悲しい。

尖閣問題を放置すると、日本は内側から倒壊する。既に瀬戸際であると自覚しなくてはならない。尖閣問題を軽視する沖縄メディアや、中国との衝突を恐れる日本政府とは対照的に、石垣市は地元自治体として果敢な行動を続けている。尖閣周辺の海洋調査については先に紹介したが、ほかにも続々と新たな手を打っている。

石垣市は漁業者が進んで尖閣周辺へ出漁できるよう、インセンティブを与える事業を2023年8月から開始した。ふるさと納税の返礼品として尖閣周辺海域で獲れた高級魚アカマチ（ハマダイ）を提供することにしたのだ。

尖閣周辺での漁を活性化することで領海を守ろうという取り組みで、市長の中山は「漁業者が尖閣周辺で操業することの支援につながれば」と期待する。

石垣市への寄付は3万円、5万円、10万円のコースがあり、それぞれの寄付額に応じ、市が船上活け締めした「尖閣アカマチ」2～3尾を冷凍して寄付者に送る。寄付の申し込みが一定数あった時点で、八重山漁協の依頼を受けた漁業者が尖閣周辺に出漁する仕組みだ。天候などの条件にもよるが、漁協は3カ月に1回程度の航海を予定する。

八重山漁協によると、漁業者が尖閣周辺海域に向かうと燃料費だけで1往復10万円以上かかるという。せっかく、ふるさと納税の返礼品に尖閣アカマチが加わっても、寄付の申し込みが少ないと利益が出せず、出漁できない可能性がある。尖閣を守るため、多くの国民に一肌脱いでほしい。

市は2020年6月には、尖閣諸島の字名を従来の「登野城」から「登野城尖閣」に変更した。「登野城」は尖閣諸島から約170キロ離れた石垣島市街地の字名でもある。そのため、字名だけでは石垣島市街地と尖閣諸島は区別できない。過去には市が誤って魚釣島への住民票異動を受理したケースもあった。市は、こうしたミスを防ぎ「事務の効率化を図るため」として字名に「尖閣」を明記することを決めた。

当初は字名を「尖閣」のみとする案もあったが「尖閣諸島が『登野城』だった歴史的経緯を継承すべき」という有識者の意見を容れ「登野城尖閣」になった。

字名変更は、石垣市が尖閣諸島の行政権を適切に行使していることを内外にアピールする効果がある。尖閣侵奪に向けた中国の攻勢が強まる中、自治体でできる実効支配の強化策として妥当だ。

中国は字名変更が「違法、無効だ」と反発。市議会で字名変更が可決された直後、中国艦船が間髪を入れず尖閣周辺で領海侵入し、対抗姿勢を示した。

2021年、石垣市は次なる一手として、尖閣諸島への「標柱」設置の取り組みを始めた。尖閣諸島の魚釣島、北小島、南小島、久場島、大正島には、1969年に石垣市が設置した標柱が現存している、とされる。このうち魚釣島には、当時の石垣市長である石垣喜興氏が上陸し、自ら標柱設置に立ち会った。

標柱には「八重山尖閣群島」という文字の下に島名が記されているが、尖閣諸島に繰り返し上陸した仲間均市議によると半世紀が経過した現在、風化して読みにくくなっている。しかも設置当時の市の手違いで、島名の表示が南小島と北小島で逆になっているという。

石垣市は尖閣諸島の字名変更を機に、現在ある標柱を新たな字名を刻んだ標柱に建て替えることを計画した。これは仲間が市議会で明らかにしたアイデアに基づく。標柱設置は、尖閣諸島が石垣市の行政区域であることを内外にアピールする効果を持つ。

市は寄付金約200万円で新たな標柱を製作し、地元出身の著名な書家に揮毫を依頼した。風化を遅らせるため、原材料には耐久性が高い御影石を使った。

市は尖閣諸島に新たな標柱を設置するため、菅義偉政権に対し同年9月3日付の文書で上陸を申請。これに対し菅政権は9月28日、上陸申請を不許可とする通知を出した。10月4日に発足した岸田文雄内閣も菅政権の方針をそのまま踏襲した。地元の声として尖閣の実効支配強化を訴えているのに、政府が門前払いのような対応を繰り返しているのは残念だ。

国民の無関心が中国を増長させる

石垣市民として私が最も恐れているのは、尖閣諸島問題がタブー視され続け、上陸や施設整備の議論が一切止まってしまうことだ。「どうせだめだろう」という諦めが定着してしまうと、それが国民の無関心となる。連日、尖閣海域に艦船を派遣し、島々の侵奪を狙う中国の思うつぼである。

尖閣諸島にある石垣市民の遺骨収集も未解決の問題である。

戦時中の1945年7月3日に起きた遭難事件が発端だ。石垣島から台湾基隆に向かった疎開船2隻が米軍に攻撃され大破、沈没し、生存者が尖閣諸島魚釣島に漂着した。

2隻には計約180人が乗船していたとされるが、その多くが米軍の攻撃時に死亡し、わずかに魚釣島に漂着した人も、救助を待ちながら次々と死亡した。

死者は島に埋葬されたが、埋葬地に目印の石を置いたという生存者の証言があり、今でも遺骨を収集できる可能性がある。石垣市は1969年、魚釣島に標柱を設置した際、この事件の慰霊祭も開催したが、遺骨収集は行わなかった。以後、尖閣諸島で慰霊祭は一度も開催されず、遺骨も放置されたままだ。

石垣市議会は2014年10月、政府に遺骨収集を求める要請決議を行った。遺族の一部からも遺骨収集と島での慰霊祭開催を求める声が上がっている。これは本来、戦後処理の一環として政府が向き合うべき問題だ。

仮に政府が遺骨収集のための上陸許可を出し、中国が反発するようなことがあっても、日本は動じる必要はない。遺骨収集にケチをつけ、死者の尊厳を冒瀆《ぼうとく》する中国共産党政権の非人道性が世界中に知れ渡るだけだ。中国の侵略性を国際的に発信するチャンスになる。

尖閣諸島での港湾と気象観測施設の整備も古くて新しい課題だ。石垣島から尖閣諸島までは約170キロあり、尖閣周辺の天候が急変した場合、周辺に出漁した漁船の避難場所がない。多額の燃料費を費やしながら手ぶらで石垣島に引き返すことになり、漁業者が尖閣海域での操業に二の足を踏む要因の一つになっている。

かつて鰹節工場があった魚釣島には古い船着き場跡があり、そこを改良すれば工事はスムーズに運ぶのではないか。

日本政府は早くから気象観測施設の必要性に気づき、戦前から復帰前まで何度も施設整備の話が持ち上がったとされるが、周知のように、現在まで一度も実現していない。

政府が尖閣諸島への上陸をどうしても先送りにしたいというのであれば、せめて石垣島での尖閣諸島資料館建設を真剣に検討してほしい。東京虎ノ門には政府の領土・主権展示館があり、尖閣諸島に関する展示もあるが、地元沖縄にその種の施設が全くないのは、いかにもアピール力に欠ける。

尖閣問題軽視の根底にある離島への差別意識

尖閣問題に対する危機意識は、沖縄本島と石垣島では大きなギャップがある。沖縄が一丸となって中国の脅威に抗議できない最大の理由は、この「地域間格差」である。

なぜ沖縄本島の住民は、尖閣問題に対して後ろ向きなのか。私が考える最大の理由は後述するが、まず取り上げなくてはならないのは「オール沖縄」県政の姿勢だろう。

「オール沖縄」県政は米軍普天間飛行場の辺野古移設に反対することで成り立っている。尖閣問題に深入りすると、米軍や自衛隊の抑止力を認めざるを得なくなってしまう。なるべく尖閣との関わり合いを避けたいのが本音なのである。

だから「オール沖縄」県政では、石垣市とは対照的に、尖閣を守るための動きが全くと言っていいほど見えない。

玉城は2023年8月、中国艦船の領海侵入について「わが国の領土主権を侵害しかねない行為。宮古、八重山の住民に不安を与え、沖縄県と中国の友好関係に影を落とす。このような状況は全く受け入れられるものではない」と中国を批判した。

ただ、中国政府を直接非難したり、中国政府に直接抗議することは控えた。「尖閣を巡る問題は、日中双方が対話と協議を通して情勢の悪化を防ぎ、冷静かつ平和的な外交で相互の信頼関係構築に努め、問題解決に取り組んでもらうことが望ましい」と要望した。

中国との摩擦を嫌う紋切型のコメントと言える。尖閣を奪われそうになっている事態への地元としての焦燥感、憤りのようなものはまるで感じられない。もっとも、そのような感情は尖閣の地元である八重山諸島でこそ顕著だが、沖縄本島に行くと、知事に限らず、だいぶ希薄になる。

玉城は2019年5月、尖閣問題で飛び切りの〝失言〟をした。定例記者会見で八重山日報記者の山下夏行が、尖閣周辺で日本漁船が中国艦船に威嚇されている現状を指摘し、認識をただすと、玉城はこう答えた。

「中国公船がパトロールしているので、故意に刺激するようなことは避けなければならない」

この発言に石垣市や、周辺離島の宮古島市は「尖閣周辺は日本の領海ではないとの認識なのか」と玉城に猛反発。石垣市議会は抗議決議を可決し「日本の領域内で漁労することが、なぜ中国を刺激することになるのか、はなはだ憤りを感じざるを得ない。尖閣諸島周辺海域は日本の領海ではないとの認識なのか」と疑問視した。発言の撤回と、漁民が安心して操業できる方策の提示を求めた。

石垣市議会の抗議を受け、玉城は「中国公船による領海侵入を許容するものではなく、不測の事態を回避し、事態をエスカレートさせないようにとの趣旨だ」と釈明。その上で「発言は尖閣諸島周辺海域が日本の領海ではないとの誤解を与えかねない。尖閣諸島に関する私の認識とは異なる」として撤回した。

沖縄本島のメディアや政治家は、なぜここまで尖閣の危機に無関心なのか。

記者生活で折に触れ痛感することがある。沖縄本島の住民が離島の宮古、八重山に対し、ごく普通に「上から目線」的な態度で接してくる事実だ。

これには歴史的な経緯がある。沖縄本島の首里城に本拠を構える琉球国は、離島の宮古、八重山を支配地の辺境とみなし、離島住民だけに人頭税という過酷な税を課した。

琉球国というと本島住民はノスタルジーを感じる。だが離島住民にとっては、搾取の象徴でしかない。

80代くらいの離島出身者に聞くと、若い頃、本島では離島出身者は一段低く見られ、就職や結婚などで本島住民から差別を受けていたという。

私も県紙の記者（本島出身者）が「離島の政治家は知事候補にはなれない。本島の政治家が認めるはずがない」と平然と話すのを聞いたことがある。県は毎年、年末に「県政の重大ニュース」を発表するのが恒例だが、選ばれるニュースは、どれも本島の出来事ばかりで「離島が視野に入っていない」と感じる。

たとえ本人が意識していなくても、県庁職員にとって「沖縄」とはイコール「本島とその周辺離島」でしかなく、宮古、八重山諸島などは「化外の地」なのだ。

本島の基地反対派は、本土が沖縄に過重な基地負担を押し付ける「構造的差別」が存在すると主張し続けている。県民の「民意」を大義名分に掲げ、沖縄が本土から差別されていると言い立て、自分たちこそ民主主義の体現者だと胸を張る。

だが本島と離島の関係でも、本島による離島軽視という「構造的差別」が歴然と存在している。彼らが言う「本土対沖縄」の構図は、本島が数を頼んで離島を抑圧してきた「本島対離島」の構図と、そっくりそのまま重なる。その象徴が現在の尖閣問題である。

「オール沖縄」県政や沖縄本島メディアが尖閣問題に弱腰なのは、米軍基地反対の主張にとって不都合だからということも大きいが、彼らの意識の根底に離島差別が存在することも一因、と私は考えている。つまり「オール沖縄」が尖閣問題に不熱心なのは、離島差別に根源があるのではないか。

中国のミサイル発射にも貫く「一県平和主義」

2022年8月4日。ペロシ米下院議長の訪台に反発した中国が台湾を包囲する6つの空・海域で大規模な軍事演習を開始した。日本政府によると同日、中国は弾道ミサイル9発を発射し、このうち5発が波照間島南西の日本のEEZ（排他的経済水域）内に、1発が与那国島北北西のEEZ外に着弾した。

弾道ミサイルは福建省や浙江省など中国本土から発射され、最長で約700キロの距離を飛んだ。波照間島南西に着弾した5月のうち4発は台湾を飛び越えて落下したものと推定された。着弾地点はいずれも中国が一方的に設定した訓練海域で、最も近い波照間島からは約60キロの距離しかない。

中国がここまで日本に近い距離にミサイルを撃ち込んだのは初めてだ。日本にとっては、戦後80年続いた「泰平の世」にピリオドを打つ、運命の砲撃だった。八重山住民は戦慄した。

北朝鮮のミサイルは以前にも日本EEZ内に着弾したことはあった。だが今回は、台湾や尖閣諸島を巡って一触即発の関係にある中国が放ったミサイルであり、しかも明確に沖縄周辺を狙って成功している。ミサイルの精度向上もあいまって、北朝鮮などとは比較にならない脅威である。

八重山周辺にミサイルが撃ち込まれたタイミングで、沖縄は玉城が再選を目指す知事選に突入した。台湾有事や沖縄の安全保障について、候補者はどのように考えるのか。私は活発な論戦を期待した。

現職で再選を目指す玉城は、石垣市での遊説で、中国の軍事演習に言及。「大きな危機感を焚きつけてしまった」と事態を危惧した。

ところが、玉城が中国を名指しで批判する場面は全くなかった。そのかわりに矛先を向けたのは、防衛省が石垣島で進める陸上自衛隊の地対艦・地対空ミサイル部隊の配備計画だ。

「平和でこそ経済、観光は成り立つ。ミサイル配備などの抑止力向上ではだめだ。日本は冷静な外交で、アジアの中でのポジションを明確にすべきだ」と、日本の抑止力向上に反対する意向を表明した。

国内では中国の脅威に対応するための敵基地攻撃能力の保有や、核共有の議論を求める声が出ている。だが玉城は「相手も対抗措置を強めてくる。真っ先に被害を受けるのは米軍基地や自衛隊を抱えている沖縄だ。経済や地域で交流する姿勢を示し、絶対に有事を呼び込む体制はつくらないということをアジアに示すべきだ」と述べ、政府に「平和外交」を求めた。

玉城がいう平和外交とは、日本が中台の紛争とは一線を画し、米国とも距離を置き、台湾有事が起きても介入するな、という意味のようだ。

台湾が中国に併呑されれば、中国の東アジアでの覇権が確立し、民主主義は抑圧され、沖縄の運命も風前の灯になる。玉城は、そうした長期的視点に立って沖縄の将来を考えているのだろうか。

中国の軍事演習は、沖縄が国際社会の修羅場に否応なしに巻き込まれる運命であることを如実に示した。だが県内では、自分たちさえ平和を唱えれば世界も平和であるという「一県平和主義」が幅を利かせ、知事選という最重要の選挙を迎えてすら、まともに安全保障のあり方を考えない風潮が続いている。

中国の軍事演習について沖縄タイムスは社説で「台湾に近い沖縄県にとっては、看過できない深刻な事態だ」と一応は指摘した。だが中国を厳しく糾弾することはなく「事態の展開が予測されていながら、ペロシ氏はなぜ、訪台を強行したのか」「(ペロシ氏の訪台は)東アジアの軍事緊張を著しく高め、米中関係や日中関係を悪化させたことも確かだ」と、なぜか米国の責任を追及し始めた。沖縄周辺にミサイルを撃ち込んだ国への抗議こそ、最重要であるべきなのに。

台湾有事の危機が高まっている現状の責任を取るべきなのは中国だけである。米国や台湾がとやかく言われる筋合いは全くない。ましてや玉城のように、自衛隊配備を進める日本政府を非難するのは、お門違いもいいところだ。

台湾有事に備え、日本がなすべきことは明らかだ。まずは抑止力を向上させなくてはならない。「中国が沖縄に手を出せば、壊滅的な報復を受けるぞ」と中国政府に骨の髄まで思い知らせることが必要だ。

「国防最前線の島」からの叫び

八重山諸島の中でも、与那国町は台湾からわずか111キロの日本最西端の島である。中国が実際に台湾への侵略行為を開始すれば、与那国島はまともに火の粉をかぶりかねない地理的環境にある。台湾有事の懸念が現実味を帯びると、人口約1700人の小さな島は、にわかに全国の注目を集めるようになった。

そうした中、2024年5月3日の憲法記念日に、与那国町長の糸数健一は東京都内で開かれた憲法改正を求めるフォーラムで登壇。「国防最前線の島」としての立場から、防衛力強化を訴えた。

当事者である町民の声は貴重であり、糸数の発言は傾聴に値する。

糸数は、武力行使であれ平和的統一であれ「台湾が中国に併合されてしまうということは、台湾海峡問題が実は与那国海峡問題になってしまうということだ」と指摘した。

台湾が中国共産党の支配下に入れば、八重山の島々は、強権的な軍事超大国の支配圏と直接的に接することになる。そうなれば八重山住民は子々孫々に至るまで、中国の軍事力に脅かされることになり、未来永劫、枕を高くして寝ることはできない。県民が台湾問題を他人事のように考えてはいけない本質的な理由は、糸数の発言を聞けばよく理解できる。

糸数は、国の交戦権を「認めない」としている憲法9条を改正し「認める」よう求めた。「自衛隊法、海上保安庁の改正と両組織のシームレスな運営、連携」「尖閣諸島守備、台湾有事の対応、地震、津波、台風など自然災害対応にも即応可能な、強く、しなやかで、美しい憲法の制定」も提言した。いずれも憲法や現在の法体系で課題とされているポイントだ。

「全国民がいつでも、日本の平和を脅かす国家に対しては、一戦を交える覚悟が今、問われているのではないでしょうか」とも発言した。

これは補足が必要だ。糸数は戦争すべきだと言っているのではなく、国を守る心構えを語っている。個人のレベルであっても、家族の命や財産を守るためであれば、悪と戦う覚悟を持つべきなのは当然だ。

憲法9条の「交戦権」に関する改正案も含め、糸数の訴えは好戦的な意図から出ているわけではなく、侵略に対抗するための自衛権保持を明確にすべきという趣旨である。

中国の歯止めなき軍事力増強で、沖縄、とりわけ八重山を取り巻く国際環境は厳しさを増している。政府は有事の際、住民が避難できるシェルターの整備を、先島諸島から優先的に進める方針だ。

糸数の訴えは、八重山が置かれている状況を直截《ちょくせつ》的に示している。安全地帯の本土や、米軍基地問題が第一という沖縄本島の感覚だけで安易に批評はできない。

発言を虚心坦懐に受け止め、どうすれば今後も八重山の平和を守り続けられるか、真剣な議論の契機とすることが望まれる。

離島住民保護より選挙応援

台湾有事に備え、岸田政権は先島諸島住民の避難に向けたシミュレーションを本格化させた。２０２４年６月３日、熊本県で開かれた九州地方知事会議では林芳正官房長官がオンラインで参加。宮古、八重山住民の受け入れ先となる県の案が初めて提示された。

具体的には、石垣市民は山口、福岡、大分、竹富町民は長崎、与那国町民は佐賀、宮古島市民は福岡、熊本、宮崎、鹿児島、多良間村民は熊本である。

離島住民の運命にも関係する大事な会議だったが、そこに玉城の姿はなかった。代理で池田竹州副知事が出席し、離島住民の受け入れ先となる九州各県に対し、玉城に代わって謝意を示した。

玉城はこの日、何をしていたのか。それは7月の県議会で明らかになった。石垣市区選出の大浜一郎県議（自民）が「知事が欠席し、県議選の与党候補の応援に行っていたと聞いてショックだった。離島住民をないがしろにするのもいい加減にしてほしい。副知事が出たからいいというものではない」と問いただしたのだ。

玉城は九州知事会議を欠席し、沖縄本島で選挙関係の応援をしていたことを否定せず「離島住民の避難もシミュレーションしながら、さまざまな状況に対応したい」と述べた。

沖縄の離島住民保護というテーマの重要性を考えても、当事者である沖縄県知事がこの場にいないというのはおよそ考えられない対応だ。「オール沖縄」県政の危機管理能力もさることながら、玉城がどれほど離島住民の避難計画を軽視しているかがうかがえる。

「平和外交」さえしていれば、台湾有事は起こらない。なのに自公政権はいたずらに有事の可能性を煽り、軍備拡張に邁進《まいしん》している――というのが「オール沖縄」の言い分だ。

2023年2月12日には、沖縄本島で台湾有事をテーマにしたシンポジウムが開催された。沖縄タイムスが市民団体「『台湾有事』を起こさせない・沖縄対話プロジェクト」と共催した。

自公政権が2022年12月、対中抑止を前面に打ち出した安保3文書を策定して以来、台湾有事を念頭に置いたシンポジウムが開催されるのは、県内初である。

沖縄タイムス、琉球新報の報道によると、登壇者は台湾と沖縄の有識者。台湾側の意見は「現状維持が最高の選択」などとごく常識的な内容だったが、沖縄側からは異様な発言が相次いだ。

ゼロエミッションラボの神谷美由希共同代表は、台湾の世論調査で、台湾有事が起きた場合、日本が参戦すると信じる人が43％という結果に言及。「すごく危険だと思った。（中略）安保関連3文書のように中国を敵とみなすのは、経済面からしても無理があると思う。沖縄がまた戦場になるかも知れないと思うと、辛い気持ちになる」と述べた。

主催者側として意見を述べた沖縄タイムスの宮城栄作編集局長は「台湾の人たちも有事にならないように、あるいは日本、沖縄に迷惑を掛けないように、しっかりした世論を築いていただきたい」と求めた。

宮城の物言いに対しては台湾関係者からも厳しい批判があり、沖縄タイムスは後日、宮城の「適切ではなかった」というコメントを掲載した。

台湾有事とつながる「八重山有事」

「台湾有事」の危険性を、当の台湾はどう考え、備えているのだろうか。私は2023年11月、台湾の沖縄総領事館に相当する台北駐日経済文化代表処那覇分処の王瑞豊処長に単独インタビューした。

台湾と八重山は海を挟んで隣り合っている。八重山住民が台湾の危機をわがことと捉え、心配していると話すと、王はこう答えた。

「八重山の人たちが心配しているのは、台湾有事というより『八重山有事』だと思う。台湾海峡には常に緊張感が漂っているが、昨年8月までは沖縄に影響が及ぶことはなかった。しかし中国が大規模軍事演習を行い、初めて与那国島や波照間島周辺にミサイルを着弾させた。緊張が以前より高まっているのは事実だ」

台湾では政府や住民が常に「有事」を念頭に行動していることも紹介した。

「地下シェルターを設置し、全国的な防空避難訓練、軍事演習、米国からの武器調達、国防予算増額などにも取り組んでいる。だが、9割くらいの台湾人は現状維持を主張している。沖縄の人たちと同じように『命どぅ宝』の精神で、誰も戦争を望んでいない。むしろ経済発展に力を入れたいと思っている」

沖縄県民、八重山住民に対しては、こう助言した。

「中国は八重山周辺にも侵入を繰り返している。私は外国人だから口出しはしないが、八重山の人たちは諸外国の動向を注視し、今後どうすべきか、内部で議論していただいたほうがいいと思う」

沖縄や八重山の人たちに望むことはあるか聞いた。

「安全保障に関して台湾が八重山、沖縄、日本政府に期待していることはない。台湾と日本は国交がないし、安全保障の枠組みもない。台湾有事が発生しても、日本は憲法で専守防衛が定められているので、台湾に自衛隊を派遣することはあり得ないと理解している」

王は「台湾有事」の際の他国の支援について、全く楽観視していなかった。中国が台湾と尖閣諸島に同時侵攻し、八重山にも攻め込むという軍事専門家の見方も否定した。

「中国から見ても、台湾だけ相手に戦うなら勝ち目は十分にあると思うはずだ。でも日米を巻き込んでしまうと勝てない。ロシアもウクライナに侵攻したが、NATO（北大西洋条約機構）を敵に回す考えはないはずだ」

日本政府には何を求めるか。

「民主主義国家の団結を促進することだ。ウクライナ戦争が原因で、長年中立を保ってきたスウェーデンとフィンランドがNATOに加盟した。2021年から3年連続でG7サミット（先進国首脳会議）の首脳声明は、台湾海峡の平和と安定の重要性を強調し、両岸の問題を平和的に解決するよう求めた」

「民主主義国家の団結は、権威主義国家の冒険的な行動に対して抑止力になる。現在、台湾は国際刑事警察機構、国連気候変動枠組条約、CPTPP、国連等さまざまな国際組織への参加を積極的に推進しており、ぜひ日本政府にも後押ししてほしい。国際組織を活用することで、問題を対話によって解決し、戦争を未然に防げる」

中国が台湾に「一国二制度」を持ちかけていることについて「香港の惨状を見れば中国は信用で

きないと思うが」と尋ねた。

「台湾の人たちは香港の例を見て『一国二制度』は絶対無理だと思っている。民主主義が浸透しており、権威主義国家や共産国家の支配下に置かれることはできない。中国の習近平政権は独裁政権になってしまい、最近では外相、国防相が突然消えた。前首相が急死したのにも台湾の人たちは驚いている。習氏がロシアのプーチン大統領のように『戦争をやろう』と言い出しても、周囲はイエスマンばかりで反対できない。チェック・アンド・バランスが存在する民主主義国家とは違う。重要なのはちゃんと備え、抑止力を確立することだ」

その上で、こう強調した。

「中国との関係でベストなのは現状維持だ。そうすることで、戦争より経済に力を入れることができる」

最後に、沖縄県民や八重山住民にこうメッセージを送った。

「八重山の人たちもぜひ台湾に行き、台湾の現状を確かめてほしい。脅威に直面し、有事の雰囲気はあるが、住民は気を緩めず普通に生活している。半導体産業なども発展している。参考になればうれしい」

第五章　「地域外交」の危うさ

中国の「駒」になりかねない玉城の「平和外交」

沖縄県は2024年5月15日、52回目の「復帰記念日」を迎えた。玉城はコメントを発表し、尖閣諸島問題や台湾情勢など、沖縄を取り巻く厳しい安全保障環境に言及。平和構築の必要性を訴えたが、あるフレーズに強い違和感を抱いた。

県として、「独自の地域外交の取り組みを強化・推進していきます」と述べたのだ。

だが玉城県政に、米中や中台の間をかいくぐって平和構築をアシストする外交力があるとは到底思えない。「独自の地域外交」とは所詮、「県民向けのパフォーマンス」でしかないだろう。

玉城は、沖縄が「平和外交」で米中間を調停できると本気で考えているふしがある。同年9月に訪米し、国務省や国防総省に対し、沖縄の基地負担軽減や米兵による性的暴行事件への抗議などを行ったが、同時に「地域外交」の取り組みも説明。米政府に対し、抑止力の強化に懸念を示してみせた。

玉城が「独自の地域外交」を高々と掲げ始めたのは2023年で、2月の県議会で「平和構築に貢献する独自の地域外交を展開するため、知事公室内に地域外交室を設置する」と表明した。その言葉通り、地域外交室は同年4月に始動した。

琉球新報によると「地域外交室」という部署設置は「平和外交」を県自らが推進することで、東アジアの緊張緩和につなげる狙いがある。「対米関係重視の日本外交だが、東アジア諸国への積極的な平和外交の姿勢を示すことで、日本政府の平和外交を補完する『裏テーマ』(県関係者)もある」という。米軍基地問題で政府と対立する玉城としては「基地の存在は抑止力」という主張に反論するため、アジアの緊張緩和に貢献している姿をアピールしたい思惑があると見られる。

県独自の「平和外交」そのものは私も反対しない。だが県が米軍や自衛隊の活動に反対する一方で「平和外交」にだけ邁進《まいしん》するのは、あまりにもバランスを欠く。なぜなら背後に強力な抑止力が存在してこそ「平和外交」の実効性も高まるはずだからだ。

玉城の「平和外交」が、侵略の牙をとぐ中国から冷笑されるくらいで済むならいい。下手をすると中国の「駒」として利用され、日本弱体化の先兵にさせられる危険性だってある。

玉城は2022年12月、報道各社による合同インタビューで、地域の緊張緩和に向けた取り組みを問われ「沖縄を協議の場に加えてもらい、その地域の安全保障環境がどのように構築されるか議論の場を設ける」との構想を披露した。

聞きようによっては、自らが日本政府と同等の立場で中国、台湾政府も含めたミーティングに出席し、平和構築に一役買ってみせるという話のようでもある。

発言を聞いた時、この人はとんだ夢想家だと思ったが、それが「地域外交室」という形で県の施策として実行に移された。笑いごとではない。

玉城は2023年3月に訪米し、ワシントンで米国政府に辺野古移設反対を直接訴えた。だが面談に応じたのは国務省、国防総省の担当職員。米軍基地問題をアピールするため訪米した過去の知事が、国務長官や国防長官と面会したことと比べると、玉城が冷遇された事実は否めない。

県によると、玉城は上院議員、下院議員計3人とも会い、米中対立を念頭に「平和外交と対話による緊張緩和、信頼醸成」を米政府に求めてほしいと訴えた。

これに対し議員らからは「日米両政府は辺野古移設を唯一の解決策と言っているが、知事はどう考えているのか」「一つの中国の原則を否定する者は誰もいない」「現状を変えるのであれば中国であり、米国が現状を変えようとしていると見られてはいけない」などという発言があった。

要するに米国連邦議会の議員たちは玉城に「あなたは訴える相手を間違えているのではないか」と遠回しに指摘しているのだ。平和外交や緊張緩和を口にするのであれば、玉城知事が向かう先はワシントンではなく北京であるべきなのだ。

玉城は2023年7月、日本国際貿易促進協会（会長・河野洋平元衆院議長）の訪中団に同行し、北京で中国の李強首相と面会した。玉城の席は河野団長の隣に用意され、李首相と直接言葉が交わせる距離。中国側の厚遇と言っていい。

玉城による訪中は4年ぶり3回目だ。今回の訪中は、知事が打ちだした「沖縄の独自の地域外交」

の一環と位置付けられている。

李首相に対し、新型コロナウイルスの影響で中断している中国と沖縄の直行便再開を要請したが、中国と沖縄の間で最大の懸案となっている尖閣諸島問題に関しては、お互いに一言も触れなかった。

尖閣にあえて言及しない玉城の及び腰

玉城は李首相との会談後、報道陣から尖閣諸島問題を取り上げなかった理由を聞かれ「特に尖閣についての話は出なかったので、私からもあえて何か言及することもなかった」と述べた。改めて、尖閣問題に対する自身の考えを問われ「もちろん政府の方針を踏襲する」と述べ、尖閣問題は日中の政府間協議で取り上げるべきとの考えを示した。

尖閣問題はまるで他人事のような態度だ。中国の最高指導部に面会するチャンスをつかんだのだから、玉城は本来、沖縄のトップとして、厳重に苦情を申し立てるべきだった。さらには台湾有事への不安が県民に広がっていることを訴え、沖縄の「平和を愛する心」をアピールすべきだった。李首相と笑顔で握手だけして帰ってきたのでは「外交」のていをなしていない。

玉城は2019年の訪中時、当時の副首相と会い、中国中心の巨大経済圏構想「一帯一路」に「沖縄を活用してほしい」と提案し、物議を醸した。当初から中国べったりだったと言われても仕方がない。

玉城はなぜ中国に接近するのか。これは辺野古移設問題と密接な関係があると推測される。政府は抑止力の維持と県民の負担軽減を両立するための施策として移設を推進しているが、玉城は抑止力の強化に反対している。「では、どうやって沖縄の平和を守るのか」と突っ込まれると答えに窮してしまうので「沖縄独自で外交を行い、東アジアの緊張緩和を図る」と称して外遊するアイデアを打ち出したのだろう。「緊張緩和」が目的なので、当然、中国にとって不愉快な話題に触れるわけがない。

玉城の訪中後の2023年8月下旬には、中国政府の漁解禁を受け、尖閣周辺に百数十隻の中国漁船が押し寄せた。領海外側にある接続水域では、中国海警局船が常駐し、領海侵入と日本漁船への威嚇を常態化させている。

だが玉城は記者会見で、報道陣から「中国に抗議するか」と問われ「国に対し、外国漁船の取り締まり強化を図ってほしいと要請している」などと述べただけだった。

その1時間後、県庁の知事室には、駐福岡中国総領事館の律桂軍総領事の姿があった。玉城の訪中に対する答礼の意味も込めて表敬訪問したのだ。玉城は満面の笑みで歓迎し、深刻化する尖閣問題には、一切言及しなかった。

律総領事は「日中間の交流、特に沖縄と中国の交流に目に見える形で成果が出ている」と知事の訪中を評価した。玉城は、中国との交換留学の活発化などを提案。律総領事は「平和の種をまいていくことが大切」と強調し「中国は新たな発展の段階に入っている。その過程において日中間や、沖縄、中国との間で新しい時代にふさわしい協力を切り開いていきたい。14億人の国の現代化は膨大な市場を生み出すことになり、沖縄との経済的な協力関係にもインパクトを与えつつある」と力を込めた。玉城も「民間を主体とした交流を県も支援したい」と共感を示した。

２０２３年10月には、中国の呉江浩駐日大使が沖縄県庁を訪れた。この人物は同年3月に着任。4月に日本記者クラブで講演し、台湾有事に関し、日本が介入の姿勢を示せば「日本の民衆が火の中に連れ込まれることになる」と発言。公然と日本に武力行使の脅しを行い、物議をかもした。

さらに台湾で頼清徳新政権が発足した直後の２０２４年5月にも全く同じことを口にした。いずれも日本政府から厳重抗議を受けているが、駐日大使という職にあるまじき非友好的な人物であり、日本国民に対する〝脅迫者〟なのは明らかだ。

県議会議長の毅然とした対中姿勢

呉大使は玉城に先立ち、県議会の赤嶺昇議長を表敬訪問した。赤嶺は玉城とは対照的な対中姿勢を示した。中国海警局の艦船が石垣市の尖閣諸島周辺で領海侵入を繰り返している問題に抗議し、平和的な外交を求める「要望書」を渡したのだ。

中国が２０２２年8月の軍事演習で、波照間島周辺の日本のＥＥＺ（排他的経済水域）に弾道ミサイルを撃ち込んだ問題に対しても、沖縄近海で軍事演習を一切行わないよう要求した。沖縄の有力政治家が、尖閣や弾道ミサイルの問題で中国側に直接抗議したのは初めてと見られる。赤嶺議長が呉大使との面会後、報道陣に明らかにした。

要請書では、尖閣周辺海域で操業する日本漁船を中国海警局船が威圧している問題に抗議。信頼関係の構築によって問題解決に取り組むよう求めた。

弾道ミサイル発射に関しては「このような行動は偶発的な軍事衝突を生む」として、平和的な外交交渉の必要性を強調した。いずれも県議会で同内容の決議が可決されている。

赤嶺議長は、中国が尖閣諸島を自国領のように表示している新地図を公表した問題も取り上げ、口頭で抗議の意を伝えた。

呉大使との面会は非公開で行われた。赤嶺議長によると、大使は沖縄側から抗議されることを全く予想していなかった様子だった。要望書は受け取ったものの、顔からは汗が噴き出し、緊張した様子で「見解の相違がある」などと反論したという。

また、自ら台湾に言及し「台湾が独立を宣言すれば平和は維持できない」と警告。台湾独立を支持する「誤ったメッセージ」を発しないよう求め、沖縄世論を牽制した。

玉城の訪中については「中国メディアでも大きく取り上げられた」と高く評価した。

玉城は訪中時、中国政府の要人と面会しながら、尖閣やミサイル発射の問題について一切抗議しなかった。赤嶺は報道陣の取材に対し「知事が中国に行くのは結構だが、言わないということは一切責任を取らないということだ。（知事は地域外交と言っているが）ある程度耳が痛いことを言うのが外交。知事が『国の専管事項』と言うなら、ジュネーブ（国連）には行くなという話になる」と知事の対中姿勢を疑問視した。

尖閣諸島を行政区域に抱える石垣市の議会は、中国艦船の領海侵入に抗議する決議を幾度となく可決し、中国政府に提出している。にもかかわらず呉大使は「自分が沖縄を訪問すれば歓迎一色だろう」と勘違いしていたふしがある。言うまでもなく、玉城の対中融和政策が、中国に県民の民意を見誤らせていたことになる。

玉城が緊張緩和をやっているつもりで得意になっているとしても、抗議すべきことを抗議しないというのは「沖縄は尖閣問題を気にしていない」という誤解を中国側に与えてしまう。ひいては、地元石垣市が繰り返してきた抗議の意思が、すべて台無しになるのだ。

最悪の場合、中国政府内で「人民解放軍が沖縄に進駐しても、米軍基地に苦しむ民衆は解放者として大歓迎するだろう」という解釈すら生まれかねない。

そうなれば中国は、容易に沖縄への軍事侵攻という決断を下すだろう。笑顔を振りまくだけの「地域外交」とは、かくも罪深いものなのではないか。

2024年7月には、中国福建省トップである周祖翼省共産党委員会書記が県庁を訪れ、玉城と会談した。共同通信によると、在任中の党委書記による沖縄訪問は異例だという。両者は、沖縄と中国の交流をさらに深めることで一致した。県側は、歓迎式典を開くなどして周氏の一行を歓待した。

玉城は「地域外交」で中台に対する対応のバランスを取るためか、2023年11月には訪台した。だが事前に報道陣に対し「政府・行政関係者との面談の予定はない」と明言。経済団体や現地の県関係者らと接触しただけだった。「一つの中国」政策を堅持すると何度も繰り返し、対中配慮が濃厚だった。

台湾関係者は「『地域外交』と言うが中国重視に偏っており、バランスを欠く」と指摘する。玉城の動向を「非親台派知事」という見出しで報じる台湾メディアもあった。

「反基地」高じて「親中」へ

最近の玉城を見ると、むしろ自分から中国へすり寄る姿勢が顕著だ。「反基地」が高じて「親中」へ振り切れてしまったかもしれないと感じている。

自民党の麻生太郎副総裁が同年8月に台湾で講演し、日米台に「戦う覚悟」を求めた。この発言は一部では物議をかもしたが、玉城は報道陣に対し、「(麻生氏の発言は)『一つの中国』という考え方に相反するとの指摘がある」と批判した。いかにも北京政府が言いそうなコメントで、これでは中国の代弁者だ。

沖縄は日本の対中最前線である。知事が「親中派」となれば、中国にとっての利用価値は計り知れない。

中国共産党機関紙「人民日報」は同年6月4日付の1面で突然、習近平国家主席が「琉球」に言及したと報道した。中国政府の沖縄に対する強い関心をうかがわせた。

産経新聞によると、習主席は北京市で古書などの歴史資料を収蔵する中国国家版本館を1日に視察。職員から「釣魚島（尖閣諸島の魚釣島の中国側呼称）とその付属島嶼が中国の版図に属する」と記録したという明代の古書の説明を受け、福建省福州市での勤務時代を振り返った。

「福州には琉球館、琉球墓があり、琉球との交流の根源が深いと知った」と述べ、明代に福建から琉球へ渡来した「閩《びん》人（久米）三十六姓」についても言及した。

玉城は記者会見で習主席発言の受け止めを聞かれ「歴史や文化について、かなり深い見識をお持ちであると受け止めている」と述べ、習主席が沖縄との今後の交流発展に意欲を示したとの認識を強調した。

だが、習主席は尖閣周辺で領海侵入を繰り返し、沖縄県民を脅かしている国家の最高指導者だ。その「見識」を沖縄県知事がたたえるとは、何かのジョークだろうか。知事本人の見識を疑いたくなる。

日本沖縄政策研究フォーラムの仲村覚理事長はこう指摘する。

「習主席の発言は、沖縄占領の本格的三戦（世論戦、心理戦、法律戦）の準備が整ったシグナルだ。中国は台湾有事を『台湾統一戦争』と呼称するだろうが、それが『台湾・琉球統一戦争』に発展する可能性もある」

習主席の発言は「台湾有事」をにらんだ動きであるかもしれない。だが、発言に対するうがった見方について玉城は「（発言そのものに）大きな意味はないのではないか」と受け流す。

台湾関係者は、中国に接近を図る玉城の「動向を注視している」と警戒感を示した。

玉城の「人柄の良さ」は政敵も含め称賛するところだが、日本本土と沖縄を分断するため権謀術数を駆使する中国と渡り合うには純真過ぎる。

沖縄は、日本にとって国境の「砦」であるべきなのだ。それが県政トップによって、中国の橋頭堡に変えられてしまう事態は避けたい。

２０２４年９月には、中国・遼寧省大連市の国立大学である大連海事大が「琉球研究センター」の設立を進めているとの報道が相次いだ。中国政府が日本の沖縄領有権を学問的に否定しようとする動きとの見方がある。対中迎合的な「オール沖縄」県政の存在が、こうした動きの呼び水になっている可能性は高い。

県民、国民の懸念をよそに、玉城が進める「地域外交」は、着々と県庁内で行政手続き化されていく。

県が設置した「地域外交に関する万国津梁会議」の君島東彦委員長らは2024年1月18日、県庁を訪れ、玉城に対し、沖縄が地域外交を通じて、アジア・太平洋地域の平和構築に貢献する「国際平和創造拠点」を目指すべきとする提言書を渡した。同会議は大学教授や元県職員など10人で構成。前年9月から4回の会合を開き、提言を取りまとめたのだ。

沖縄周辺では中国が軍事活動を活発化させており、台湾有事などの懸念が高まっているが、君島委員長は「地域外交には抑止力がある。平和をつくるため攻めの姿勢を示してほしい」と求めた。

提言では、地域外交を通じ「世界とつながり時代を切り開く『強くしなやかな自立型経済』」「世界の島しょ地域等との国際協力活動と国際的課題に貢献する地域」を目指すとの目標も盛り込んだ。

地域外交の主な対象国としては東アジアや東南アジアを想定。このうち中国については「さらに友好関係を緊密なものとすることで、地域の安定に貢献できる可能性がある」とした。

海外の地方自治体と連携し、東シナ海での軍事力行使抑制を求める共同声明「東シナ海平和ビジョン」(仮称)を発表することも提案。慰霊の日の6月23日を「日本を代表する平和の日」として国際社会に認知させるための取り組みも求めた。県立万国津梁情報交流センター、国立アジア・太平洋多文化協働センター(いずれも仮称)の設置も提唱した。

米軍基地問題に関する要請活動など、課題によっては県益と国益が相反する可能性もあると指摘。「十分な検討・調整が必要になる」と記述した。

提言書を受け取った玉城は「平和を希求する沖縄の心を、国際的な価値観とも十分に連携し得るものにしないといけない」と述べた。

提言で注目したいのは、県益と国益の関係について言及した部分だ。率直に言って、国益を上回る県益というものを想定するのは可能だろうか。

翁長も、辺野古沿岸埋め立て承認について「県の公益が国の公益を上回れば撤回できる」と述べたことがある。国益を上回る県益という概念を持ち出すのも「オール沖縄」思想の特徴である。

この提言は辺野古移設を念頭に置いているのだろうが、私に言わせれば、国が滅びて沖縄だけが生き残るという状況は有り得ない。日本あっての沖縄なのだ。仮に県益と国益が対立しているように見えても、最終的には県益イコール国益という方向へ収斂《しゅうれん》されるのではなかろうか。

国益と県益はもちろん別個に存在し得るが、それは決して対立する概念ではないはずだ。あえて「国益」と「県益」を対置しようとするところにも「オール沖縄」思想の危うさを感じる。

沖縄舞台の「世論戦」

中国の沖縄に対する世論工作は既に始まっている。2022年8月14、15の両日、台湾の台北駐日経済文化代表処那覇分処処長が沖縄タイムスに特別寄稿。「もし中国の軍事演習が常態化してしまうと、沖縄、日本全体への影響もますます大きくなると思います」と、日本に対し、中国抑止への協力を訴えた。

　すると同23、24の両日、今度は駐福岡中国総領事の律桂軍が「台湾当局者への反論」を同紙に掲載。「われわれの一連の措置は、沖縄県民の皆さまに危害を加えたり、傷つけたりするものではなく、あくまで神聖な主権と領土保全を守るためです」と主張した。

　沖縄を舞台にした中台の「世論戦」である。台湾側のアピールに対し即座に反応したのは、中国政府が沖縄メディアの報道や、沖縄世論を注視していることを物語る。よく言われる「沖縄メディアは中国からお金をもらっている」という陰謀論にはくみしないが、中国が沖縄世論を抱き込むため、水面下でさまざまな工作を展開しているとしても驚かない。

　ところで私が当時、疑問に感じたのは、沖縄タイムスが台湾の特別寄稿と中国の反論文を、紙面の同じスペースで「平等」に扱ったことだった。県民はミサイル発射で中国に脅迫された「被害者」なのに、地元メディアが「加害者」のプロパガンダをそのまま掲載する姿勢はおかしいと感じた。

　もっとも、中国の弾道ミサイル発射からある程度時間を経た現在では、そのような編集姿勢もあっていいかと思う。ただ、中国側の寄稿が手前勝手な言い分との指摘があることは、私なら同じ紙面のどこかで明記する。

　玉城の地域外交は、場合によっては沖縄の思惑を超え、沖縄と本土を分断しようとする中国の情報戦略に利用されるリスクをはらむ。

地域外交の理念や有識者による提言は、言葉通り実現されればアジアの平和に貢献し、国際社会で沖縄の存在を際立たせる意義を持つ。だが手法を誤れば、日本の安全保障にとって懸念要因になりかねないのも事実だ。

地域外交の成否は、一にも二にも、主体となる玉城の手腕がカギを握る。だが基地反対を金科玉条のように掲げ、沖縄と本土の分断を図る「オール沖縄」のありようを考えると「独自外交」に平和構築力、戦争抑止力があるとは到底思えない。

県は提言を踏まえ、2024年3月には「地域外交」の基本方針を決定。同年4月には平和外交室を「平和・地域外交推進課」に格上げした。「地域外交統括監」のポストも置いた。

玉城は2024年5月、石垣市での集会で「地域外交」に触れ「地域が安定的に保たれているからこそ観光や経済や生活が成り立つ。日本が有事になったらエネルギー、食糧が止まる。沖縄だけの問題ではない」と強調。「沖縄県は、アジアが平和であるための日本国の政策を要求している。そのためにできることは、一緒になって我々も頑張る。そのことを沖縄県の方針として、丁寧に取り組んでいきたい」と説明した。

沖縄メディアは「沖縄独自の地域外交は東アジアの緊張緩和を促すため有効な手段となり得る」（琉球新報）などと持ち上げる。「地域外交」は、少なくとも県内では、知事が平和構築のため「やってる感」を醸し出すことに成功している。実際の成果はともかく、支持者向けのパフォーマンスとしては及第点というところだろう。

「オール沖縄」を立ち上げた前知事の翁長雄志は、もともと自民党の政治家であり、良くも悪くも現実主義者だった。かなり左翼的な政策でも、支持固めのため、分かっていてあえてやっているという確信犯的、悪く言えば偽善的なところを感じた。

しかし後継者である玉城は徹頭徹尾、善意で平和を語っているようでもある。それが底知れぬ恐さなのか、逆に救いなのか、今は私にも分からない。ただ玉城のひたむきな瞳を見るたび「地獄への道は善意で敷き詰められている」という言葉を思い出す。

安全保障には徹底したリアリティが必要だ。起こり得る最悪の事態を想定し、最善の備えを固めなくてはならない。言い方は悪いが「地域外交」は最悪時の対応は国に丸投げし、自分はおいしい所だけ食い逃げしようという姿勢にも見える。これでは、内外の理解は得られないのではないか。

米国には「厳しい」地域外交のアンバランス

では「地域外交」の対米姿勢はどうか。

台湾に近い日本最西端の島・与那国町に2024年5月17日、エマニュエル駐日米大使を乗せた米軍機が降り立った。米大使の与那国訪問は史上初となる。台湾有事の可能性をにらみ、中国を牽制する意図があるのは明らかだ。

ニマニュエルは陸上自衛隊与那国駐屯地を視察し、報道陣に「米国は北海道から与那国まで日本全体にコミット（関与）する。抑止力がなければ経済的威圧や侵略を受ける」と、日本防衛の決意を示した。

台湾では5月、民進党の頼清徳新総統が就任。中国は頼を「独立派」と決めつけ、すぐさま台湾を包囲する軍事演習を行うなど、威嚇を強めていた。

緊張状態の中、米大使が自ら与那国の地を踏み、中国の専横を許さない意思を表明したことは、沖縄県民には大きな安心材料のはずだ。

ところが玉城はエマニュエルの与那国訪問を知ると、米側に対し、大使が乗る米軍機が与那国空港を使用しないよう要請した。県はこれまでも、米軍機が民間の空港を使用する計画が明らかになるたびに使用自粛を要請している。

今回も同じ対応をしたということだが、大使の与那国島訪問は「米国は台湾有事を座視しない」「米国は同盟国の日本を守る」という2つの政治的メッセージを中国に送る意義がある。これは沖縄にとっても大切なことだ。

県としては米軍機の民間空港使用に、何でもかんでも自粛要請するのではなく、ケースバイケースの政治的配慮があってもよかったのではないか。日本の同盟国に対し、あまりに杓子定規の対応だ。

しかし玉城の自粛要請は「本物」だった。大使来島の翌日、「台湾に近い場所を訪れるのは緊張をもたらす」と米側を批判したのだ。米軍機の使用自粛を要請したことも含め、これも一つの「地域外交」だろう。

与那国島で大使を取材した報道陣も「米軍は民間空港や港湾を平時から使用するのか」「米軍が島に来ることで不安になる住民にメッセージは」と、大使来島の目的からすると的外れな質問を大使に浴びせた。

エマニュエルは「八重山地域は重要な場所で、日本は重要な同盟のパートナーだ。戦略的に日本と米国が共に行動できれば、抑止力を強化できる」と述べた。自らの来島に対し抗議活動した住民たちに対しては「抗議活動は民主主義国家では評価され、尊重されるべきだ。権威主義国家では抗議ができない」と指摘した。

また「戦争を防ぐには抑止力が必要だ。強い同盟と同盟による経済的な繁栄、法の支配の尊重が必要だ。同盟には軍事と経済的な側面がある。経済発展と抑止力はセットだ。抑止力を示すため、日米のパートナーシップが必要だ。中国は(八重山)周辺でミサイルを発射している。日米が軍事演習を行うのは、日本を守るためだ」と力説した。

尖閣諸島や台湾への中国の圧力が強まる中、他人事のように中国には甘く、米国には厳しい沖縄の「地域外交」とは何なのだろう。

辺野古の「国際紛争化」を目論む人々

「地域外交」を正式に打ち出す以前から「オール沖縄」県政は辺野古移設問題の国際紛争化を狙い、海外へ積極的に発信する姿勢を鮮明にしていた。

玉城は2023年9月、スイス・ジュネーブで開かれる国連人権理事会で演説を行い、辺野古移設問題を訴えると表明した。記者会見で「県民の民意をかえりみることなく、新基地建設が強行されていること、民主主義国家の根幹に関わる問題を顕在化させていることも伝えられるのではないか」と述べた。

国連人権理事会で沖縄県知事が演説すれば、2015年9月の翁長以来となる。当時、翁長は辺野古移設を批判し、こう訴えた。

「沖縄の人々の自己決定権がないがしろにされている辺野古の現状を、世界中から関心を持って見てください」

「自国民の自由、平等、人権、民主主義、そういったものを守れない国が、どうして世界の国々とその価値観を共有できるでしょうか」

私は当時、取材でスイスを訪れ、国連欧州本部で直接、翁長の演説を聞いた。沖縄の窮状というより、基地問題を口実に祖国日本を誹謗《ひぼう》中傷している印象しか受けなかった。8年の歳月を経て後継者の玉城もまた、同じことをやろうというのである。

玉城は記者会見で、自らの演説に関し「広大な米軍基地から派生する事件、事故、環境汚染などの問題が県民の人権を侵害し、安全安心な県民生活を脅かしていることをまず訴えたい。これらの問題が沖縄だけの問題ではなく、人権や民主主義という普遍的な問題であることについて沖縄県の考えを発信したい」と意気込みを示した。

知事が国内問題を国際社会に向けて発信することは外国勢力の介入を招きかねない。報道陣からこの点の認識を問われた玉城は「県の取り組みを後押しする国際世論を形成し、この地域における安全保障の問題解決について意見交換したい」と答えるにとどめた。

国連人権理事会での知事の発言は「演説」と言っても、各国代表を前に堂々と持論を展開するというたぐいのものではない。同理事会ではさまざまなＮＧＯに発言枠が与えられており、沖縄県はそのうち1団体の発言枠を借りて、短いスピーチをするというのが実態である。

２０１５年、私が翁長の演説を取材した際は、多数のＮＧＯメンバーが入れ替わり立ち代わり、マイクがセッティングされたテーブルに座り、流れ作業のごとくスピーチしていた。聞いている各国の代表が一人ひとりの発言をどこまで真面目に聞いているのか、正直疑問だった。「国連で『演説』することの実質的意味はないのでは」と疑った。

ただ知事の演説は、日本国内ではさまざまなメディアによって大きく報道される。「オール沖縄」

県政にとっては「辺野古移設問題を国際社会に発信した」という支持層へのアピールにつながる。国際社会に顔を向けているように見えて、実は内向きの効果を狙った政治的パフォーマンスといえる。

権威付けの国連演説

玉城の演説直前、国連で沖縄の基地反対派に反論する活動に携わった経験を持つ沖縄県東村の農業、依田啓示に那覇市で話を聞いた。

同理事会では翁長に続き、2017年にも基地反対派で沖縄平和運動センター議長の山城博治が演説し、辺野古移設反対を訴えたのだ。

当時、山城に対抗し、沖縄の民意が移設反対だけではないことを訴えようと、名護市民の我那覇真子が同理事会に出向き、演説で反論した。我那覇は2015年の翁長演説の際も国連で演説し、県民の一人として翁長を批判している。

依田は2017年、我那覇の通訳や演説作成のサポート役としてスイスに同行した。ハワイでの留学経験で培った英語力が生きた。

当時の同理事会を振り返り「極左団体のメンバーなどが盛んに国連で演説しており、自分たちの主張を権威付けしようとしていると感じた」と話す。

翁長に続き、玉城も同じ戦略に打って出ようとしていることに危機感をあらわにした。

「紛争があるとすれば相手方と協議すべきで、無関係の他国を巻き込んで米軍基地問題をアピールする姿勢は、日米両政府の不信感を招く。問題解決を遠ざけるだけだ」

玉城が国連で発信する内容によっては、沖縄の将来が危うくなる可能性がある、と不安視した。

「知事が移設反対を強調するあまり『沖縄が日本政府に弾圧されている』『沖縄の自主性を回復すべき』などというメッセージを出すと、中国が沖縄に介入する誘い水になりかねない。ロシアも『ウクライナのロシア系住民を守る』という口実でウクライナに侵略した」とくぎを刺す。

玉城はジュネーブ入りし、9月18日（日本時間同19日）、同理事会の「国際秩序」をテーマにした会議で演説した。そう長くないので、全文を紹介する。

ありがとうございます、議長。はいさい、ぐすーよ。私は、日本国沖縄県の知事、玉城デニーです。米軍基地が集中し、平和が脅かされ、意思決定への平等な参加が阻害されている沖縄の状況を世界中から関心を持って見てください。

日本全体の国土面積の0・6％しかない沖縄には、在日米軍基地の約7割が集中しています。さらに、日本政府は、貴重な海域を埋め立てて、新基地建設を強行しています。

県民投票という民主主義の手続きにより明確に埋め立て反対という民意が示されたにもかかわらずです。軍事力の増強は日本の周辺地域の緊張を高めることが懸念されるため、沖縄県民の平和を希求する思いとは全く相いれません。

私たちは、2016年国連総会で採択された「平和への権利」を私たちの地域において具体化するよう、関係政府による外交努力の強化を要請します。ありがとうございました。にふぇーでーびたん。

「はいさい、ぐすーよ」は沖縄本島方言の「こんにちは」、「にふぇーでーびたん」は同じく「ありがとう」という意味である。

玉城の発言を受け、日本政府の在ジュネーブ国際機関政府代表部の塩田崇弘公使参事官は直ちに反論し「辺野古移設工事の着実な実施が普天間飛行場の早期返還を可能にする」と述べた。

玉城の演説を翁長のそれに比べると「日本は民主主義国ではない」と言わんばかりの、自国への行き過ぎた批判は影を潜めた。その意味では、前任者の演説よりはましと感じた。

ただ辺野古移設が「軍事力の増強」「周辺地域の緊張を高めることが懸念される」「県民の平和を希求する思いとは全く相いれません」と断言しているのは、相変わらずいただけない。普天間飛行場の危険性除去という辺野古移設の目的が、故意に覆い隠されているからだ。

玉城が同理事会で演説したあと、不気味な動きが顕在化した。中国の検索サイト「百度百科」で演説と「琉球独立」を関連づける記事が頻繁にヒットするようになったのだ。

「演説をきっかけに中国政府の主導で、沖縄独立を支持する国内の世論工作が始まったのではないか」

そう推測するのは、「百度百科」で長年、沖縄に関するトピックを検索している一般社団法人日本沖縄政策研究フォーラム理事長の仲村覚だ。

仲村は玉城の国連演説後「百度百科」でこのトピックを検索すると、タイトルに「琉球独立」と記された記事が多数ヒットすることを発見した。典型的な記事では、知事が「はいさい、ぐすーよ」という沖縄方言のあいさつで演説を開始したことについて「琉球知事は母国語であいさつし、琉球独立を宣言した」と記されている。

そのほか、玉城の演説が琉球独立を目指した行動の一環であるとして「中国は琉球を助けるべき」と主張する記事、明治維新後に日本政府が琉球に侵攻し、先住民を虐殺したという虚偽の内容を流布する記事もあった。

仲村によると、琉球独立運動に関するトピックは2010年に起きた尖閣諸島沖の中国漁船衝突事件直後と、13年の琉球独立学会設立後に一定数掲載された。しかし2023年4月下旬、玉城の訪中予定が発表されると、これまでと比較にならない膨大な数の動画と記事が発信されはじめたという。

「中国の大手メディアは知事の国連演説の事実を伝えているだけだが『百度百科』でヒットする

記事を見ると、琉球独立とその歴史的な根拠を解説しているものばかり。大手メディアとは別に国内向けのブログなどを使い、琉球独立を支持する宣伝戦が強化されているようだ」

中国は「これ幸い」と玉城の演説を、さっそく沖縄と本土の分断に利用し始めたのではないか。

「外患誘致」する玉城の軽率さ

「オール沖縄」県政の知事による演説は、実質的には国内向けのパフォーマンスだと私は思う。だが国連という公的な場所で発言した以上、その影響は国内だけではとどまらない。確実に悪しき波紋を生むのだ。

仲村によると、国連は2008年から6度にわたり、日本政府に「琉球・沖縄の人々を先住民族と認め、権利を守る」ことを勧告している。日本政府は、沖縄県民は先住民族ではないと反論している。「先住民族」と認められれば、土地に対する国際的に認められた権利が発生し、沖縄から米軍や自衛隊の基地撤去を求める運動を勢いづかせる。

沖縄県民を「先住民族」と認めさせるために国連で活動しているNGO団体「市民外交センター」は基地反対派であり、翁長、玉城の2代に渡る国連演説も、この団体のサポートで実現したという。

仲村は「台湾有事の際、もし中国が国連安保理にこの問題を持ち込めば、日米は琉球を植民地支配している側とみなされ、先住民族の権利国連宣言を根拠に撤退を要求されることになる」と危惧。

「知事の国連演説は、県民が先住民族として扱われる素地を作り、中国が沖縄の問題に口出ししたり、恫喝したりする理由を与えた。私は外患誘致だと思う」と厳しく批判した。

一方、国連演説に対する沖縄県内の受け止めはどうだったか。

沖縄タイムスは社説で「多くの県民の声を代弁した重い訴えであった」、琉球新報も社説で「その場で知事が直接訴えることができた意義は大きい」と玉城を全面的に支持した。

私の考えも述べておきたい。沖縄県の尖閣諸島周辺では、玉城が国連でスピーチしている間も、絶えず中国海警局の艦船が航行を続けていた。中国艦船による領海侵入や日本漁船への威嚇が常態化している。

尖閣問題の本質は、独裁国家（中国）が、民主主義国家（日本）に侵略を仕掛けているという由々しき事実だ。純粋な国内問題である辺野古移設ではなく、本来、尖閣問題こそ沖縄が国際社会に発信し、世界的視野で問題提起すべきテーマではなかったか。

当事者の沖縄県知事でありながら尖閣問題をスルーし、中国が喜ぶ米軍基地反対のみ発信する玉城の国連演説は、ピントがずれまくっている。

日本人には国連信仰がいまだに根強いと言われる。だが、翁長、玉城の演説などを機に、日本は国連との関わり方を改めて見直すべきではないか。

火を噴いたワシントン駐在事務所問題

「行政始まって以来の疑義、異常事態だ」

２０２５年2月。沖縄県議会で、自民党の県議たちが次々と玉城を糾弾した。答弁席の玉城は、腕組みしたまま厳しい表情で野党席に視線を向けた。

「オール沖縄」の一大不祥事が発覚したのは２０２４年。前知事の翁長が設置した「沖縄県米国ワシントン駐在事務所」職員の身分を巡る県議会の審議がきっかけだった。

ワシントン駐在事務所は、２０１５年4月、沖縄県として独自に米国内で辺野古移設反対を発信しようと、前年、知事に就任した翁長の肝入りで設立された。職員２人を所長、副所長として現地に派遣。5月末の翁長初訪米に当たっては、さっそく知事と連邦政府、連邦議会関係者の面談をセッティングするなど、精力的な活動を展開した。

沖縄県のホームページによると、事務所設立から２０２４年3月末までに、駐在事務所職員は連邦政府、連邦議会、報道などの関係者延べ５７７８人と面会し、知事の考えに理解と協力を求めたとしている。

しかし県議会の自民党は当初から駐在事務所の存在を疑問視し、毎年、県の当初予算から駐在事務所の活動事業費を削除する修正案を提出してきた。活動事業費が年間約1億円と巨額な上、駐在事務所とは言っても、活動の中身は現地の委託会社にほぼ丸投げという実態だったからである。

2024年までは与党が多数だったため、修正案は否決され続けてきた。しかし同年6月の県議選で与野党の勢力が逆転し、にわかに駐在事務所の存廃が大きな焦点に浮上してきた。

そのような状況で迎えた同年10月、自民党の質問で、駐在事務所が実は「株式会社沖縄県ワシントンDCオフィス」という企業として設立されていたことが判明したのだ。

県によると、駐在事務所が米国で活動するには、外国勢力の代理人であることを証明する「FARA（ファラ）登録」を行う必要があった。県は当初、非営利法人として登録する方針だったが、委託会社を介して現地の弁護士が米国務省などに問い合わせたところ「ロビー活動を行うためには株式会社の形態が適当」との回答があったという。

これを受け、県は委託会社に支払った委託料から1千ドルを出資金として払い込み、100%県が出資する株式会社を設立した。駐在事務所の所長、副所長は、株式会社の「社長、副社長」という肩書になった。

ところが、駐在事務所が株式会社であることは公表されなかった。発行した株式は公有財産としての登録もされなかった。

地方自治法では、自治体の出資法人は毎年、経営状況を議会に報告する義務があるが、県は2024年まで9年間、同法に違反して報告を怠り続けてきた。さらに株式会社の社長、副社長である駐在事務所の所長と副所長は、県職員と民間企業役員の肩書を併せ持つにもかかわらず、地方公務員法に違反して兼業許可（営利企業従事許可）を得ていなかった。加えて、県が米移民局に提出した書類に、駐在職員は「県から直接雇用されていない」という虚偽の記載があった疑惑も浮上した。県議会で審議が進む中、自民党の追及で、県当局が、およそ正常な行政とは思えない杜撰《ずさん》な手順で駐在事務所設立の作業を進めていた状況が発覚した。

株式会社設立は誰の指示か問われた県幹部は「文書により明確に意思を決定し、手続きを整理する必要があったが、残っている関係書類からは確認できなかった。最終的に決定し、指示した者を特定できない」と答弁。株式会社の設立は、米国の弁護士が現地の委託会社に助言したとされているが、弁護士の特定を求められた県幹部は「どの弁護士かは確認できていない」と述べた。

県の活動事業費から支出された委託料は、現地の委託会社を通じて駐在事務所と再委託先の会社に支払われるという複雑な金の流れとなっており、自民党の新垣淑豊県議は「マネーロンダリングではないかと疑いを持つ人もいる」と追及した。

自民党の島袋大県議は、駐在事務所を株式会社として設立した経緯に関する文書が見つかっていない問題について「文書は作っていないのか、捨てたのか、隠して逃げたのか」と疑問視。宮里洋史県議は、駐在事務所が現在までに2億円の赤字と指摘し「県は赤字会社を運営するのか」とただした。県幹部は「設立の経緯から駐在事務所は独立採算制ではなく、県の事業費でまかなうことを前提としている。同社の赤字が運営に影響を及ぼすものではない」と説明。玉城は「より良い形で運営していけるよう精査したい」と防戦一方だった。

県議会の自民党・公明党は、2024年11月の県議会で、駐在事務所の活動事業費を含む2023年度一般会計決算を不認定とした。さらに12月には、この問題を調査する百条委員会の設置を賛成多数で決めた。

百条委設置を発議した自民党の座波一県議は「翁長知事誕生以来、今日の玉城知事まで、沖縄県政を裏で動かすブレーンには、日本政府の方針や法律を無視してでも米軍基地に反対すべきとの考えが根本にある。活動の本質は県民の血税や公金を使った基地反対活動だ。『辺野古反対のためなら法をおとしめてもよい』という姿勢こそが厳しく批判されなくてはならない」と断罪した。

辺野古移設を巡る最高裁判決の無視、移設工事現場での違法な抗議活動の放置など「オール沖縄」県政は「基地反対は法に優先する」といわんばかりの振る舞いを続けてきた。ワシントン駐在事務所問題では、そうした県政の体質そのものが露呈した。

2025年2月に開かれた県議会の百条委員会では、駐在事務所初代所長と初代副所長の2人が参考人招致された。初代副所長の証言によると、駐在事務所設立のため2015年3月に米国異動の内示を受け、4月には「着の身着のまま」で米国に向かったという。同年5月末に決まった翁長知事の初訪米に間に合わせるため、同月中に駐在事務所を設立するという短兵急なスケジュールだったことが明らかになった。

駐在事務所が株式会社となった理由について初代所長は「ワシントンの弁護士が知恵を絞って、苦肉の策で設立したのではないか」と述べた。初代副所長によると、米国でのFARA登録が認められるためには、現地で雇用を生むなど、米国に貢献していることを示す必要があった。現地の弁護士には、株式会社であれば登録しやすいという思惑があった可能性がある。

株式会社設立は5月12日に米当局から認められた。沖縄タイムス記事によると、初代所長は5月31日、訪米した翁長を駐在事務所に迎え、駐在事務所設立を報告。掲載された写真で翁長が手にしている文書には、英文で駐在事務所が株式会社であることが明記されている。

県当局は、株式会社設立にあたって県が出資した1千ドルは課長決裁で支出可能だとして、県議会でも誰が設立を決裁したのか明言してこなかった。しかし初代副所長は「所長が対面で説明しているので、知事はご存じだと思う」と発言。一方の初代所長は「駐在事務所は特殊法人だったという認識だった」と述べ、株式会社との認識はなかったと繰り返した。

本質は「オール沖縄」の体質にあり

当事者の証言に食い違いはあるものの、いずれにせよ株式会社設立に「ゴーサイン」を出したのは、最高責任者だった翁長である可能性が濃厚になった。つまり、この問題の淵源は「オール沖縄」

のトップまでたどり着く。

辺野古移設反対を米国内で発信するという翁長の実績づくりやパフォーマンスを優先し、県が法人設立に伴う法的手続きを軽視した経緯が浮き彫りになった。米軍基地に反対する駐在事務所が米国の株式会社であることが露見すれば県民から疑問の声が出ることは必至で、翁長があえて秘匿していた可能性すら考慮する必要がある。

初代副所長は、県が株式の公有財産登録を怠っていたことや、駐在職員の営利企業従事許可を得ていないことを当時の県幹部が認識していた事実も暴露した。「私が重圧に耐えながらやってきたことを、本庁はこんなにも軽く扱っていたのかと寂しく感じている」と声を落とした。「駐在事務所の見直しは避けられない」としながらも「必ず役割を果たす」と組織の存続を要望した。

駐在事務所を巡る問題発覚を受け、玉城は「県民の信頼を損なったことを反省している」と述べたが、駐在事務所の存在自体は必要と訴えた。廃止すれば、翁長のレガシーを否定することにつながるからだ。2024年12月には、庁内で株式会社設立の追認、株式の公有財産登録、駐在職員の営利企業従事許可の手続きを矢継ぎ早に行い、駐在事務所の「合法化」を進めた。

さらに2025年1月には弁護士など外部有識者で組織する「調査検証委員会」を設置し、県議会の百条委とは別に県自らが調査を進めることで「自浄作用」のアピールに努めた。

県議会での百条委員会設置という尋常ならざる局面にもかかわらず、県紙の紙面では駐在事務所問題は控えめな扱いで、県政の追及には消極的だった。

百条委設置を報じた2024年12月21日付の琉球新報記事は、この問題を「手続き不備問題」と位置付けた上で「ワシントン事務所の必要性については、不備とは別に冷静な議論が求められる」と事務所存続の必要性を強調。同年11月27日の沖縄タイムス社説も「今回の問題で、事務所閉鎖もやむなしとなれば、今後の訪米活動など基地問題解決への影響は避けられない」と玉城の主張に賛同した。一連の疑惑を「オール沖縄」の体質に起因する問題としてではなく、手続きミスに矮小化《わいしょう》しようとする意図は明白だった。

2025年2月の県議会では、県が駐在事務所の活動事業費を計上した新年度一般会計予算案を上程し「違法を前提とした予算だ」と反発した自公が審議を拒否した。玉城はXで「国会では少数与党で構成する政府の議案を与野党が議論でせめぎあっているなあ。言論の府はこうあって欲しいなあ」と投稿（直後に削除）。大浜一郎県議は「議会で交渉する与野党の議員を愚弄《ぐろう》している」と憤った。

県紙は「米ワシントン事務所問題で県を揺さぶろうという政治的な思惑が先行するようでは議会不信を招くだけである」（2025年2月13日付琉球新報社説）と審議を拒否する自公を非難し、玉城県政のバックアップに回った。

こうした沖縄メディアの姿勢に、自民党の県議は苛立ちをあらわにし、数人が異口同音に「これだけ大きな問題なのに、なぜ新聞は大きく報じないのか」とこぼすのを何度も聞いた。

第六章　沖縄は差別されているのか

「オール沖縄」が喧伝する「沖縄ヘイト」

沖縄メディアが最近喧伝するのが「沖縄ヘイト」だ。主に米軍基地に反対する県民に向けられた誹謗《ひぼう》中傷を指す言葉だという。琉球新報は「ネットの世界を中心に『反日』『国賊』と県民を中傷するような発言」「国にあらがうものを異端として扱い、排除するという今日の日本社会の病の一端」などと説明している。

沖縄では2022年1月、バイクの高校生が警察官に接触して大けがを負ったことをきっかけに、若者たちが地元の警察署を襲撃する事件が起きた。

県紙は、市民グループがツイッターなどを調査した結果、若者たちを「土人」と罵倒したりする「沖縄ヘイト」が多数確認されたと報じた。

しかし、こうした投稿を「沖縄ヘイト」と呼ぶのは妥当か。仮に事件が埼玉県で起き、SNS上で埼玉の若者たちを非難する投稿が殺到したとしても、これを「埼玉ヘイト」と指摘する人はいないだろう。問題視されているのは警察署襲撃という行為であって、若者たちの出身地ではないからだ。

「沖縄ヘイト」という言葉が沖縄メディアを賑わすようになったのは2016年、米軍北部訓練場のヘリパッド建設に抗議する基地反対派に対し、大阪府警から派遣された機動隊員が「土人」「シナ人」と言い放ったのが直接のきっかけのようだ。
琉球新報によると、著名人による次のような発言も「沖縄ヘイト」につながる「病巣」の存在をうかがわせるという。
「（琉球新報と沖縄タイムスの報道に対し）左翼勢力に乗っ取られている」「沖縄の特殊なメディア構造をつくってしまったのは戦後保守の堕落だった」（長尾敬衆院議員、肩書は当時）
「沖縄2紙はつぶさないといけない」「もともと普天間基地は田んぼの中にあった。基地の周りに行けば商売になるということで、どんどん基地の周りに人が住みだした」（作家の百田尚樹）
「（野党系候補の公約について）市民への詐欺行為にも等しい沖縄特有のいつもの戦術」（自民党の古屋圭司選挙対策委員長、肩書は当時）
これらの発言が、沖縄人への民族的差別を表しているとはとても思えない。これを「沖縄ヘイト」と呼ぶのは、批判に対する過剰反応ではないか。
インターネットを覗くと、沖縄に対するさまざまな罵詈《ばり》雑言が見つかることがある。しかし、そのすべてが「ヘイト」というわけではない。特定の個人への罵声なのか、県民全体に対する侮蔑、さらには外国人排斥運動と同列の「ヘイト」なのか、慎重な見極めが必要だ。
「沖縄ヘイト」が「沖縄出身であることを理由とした不当な差別」と言うのなら、それは復帰ごろまで本土で厳然として存在した。さらに沖縄の中でも、離島出身者は本島出身者より一段低く扱われ、就職や結婚で差別を受けた。こうした事例は、現代であればれっきとした「ヘイト」に該当する可能性が高い。県民として、決して忘れてはならない苦難の歴史である。

だが現在「沖縄ヘイト」という言葉は、多くが基地反対運動の中で使われている。基地反対運動に対する批判の言動の中には「反日」「民度が低い」「中国のスパイ」など、広く県民一般を中傷するように見える表現も確かにある。基地問題で「沖縄は差別されている」というロジックを構築している基地反対派としては、それを「沖縄ヘイト」と呼ぶことで、沖縄に対する差別とは民族的差別の域にまで達している、と言いたいのだろう。

現在の日本で、県民が「沖縄出身だから」という理由で不当な差別を受けるという事例は、まず見当たらないだろう。基地反対派に対する罵倒のたぐいをいちいち「沖縄ヘイト」と呼ぶなら、それは過去に実在した沖縄差別の歴史を、矮小化《わいしょう》することにつながりかねない。

沖縄への構造的差別はあるのか

沖縄メディアは「差別」という言葉を好んで使う。特に沖縄に米軍基地が集中する現状を「構造的差別」と解説してはばからない。

「国土の0・6%しかない沖縄に、全国の米軍専用施設（面積）の7割が集中している現状は誰の目から見ても異常だ。沖縄に対する構造的差別としか言いようがない」（琉球新報社説）

沖縄に米軍基地が集中するのは、沖縄が安全保障の要地であるという地理的理由と、沖縄戦を経験したという歴史的理由による。政府が沖縄県民を民族的に蔑視し、あるいは憎むがゆえに基地を押し付けているような印象を与える「差別」という言葉の使用には、本来もっと慎重であるべきだ。だが、不利益をこうむった側が「これは差別だ」と言ってしまえば、そこで議論は止まってしまう。異論を封殺できるので、基地反対派にとっては都合がいい論理である。

私は生粋の沖縄人として、自信を持って断言したい。沖縄の反基地運動に対し、本土からの誹謗《ひぼう》中傷は存在するかもしれない。だが、「沖縄ヘイト」なるものは存在せず、その概念は全くの虚構だ。「沖縄ヘイト」とは、基地問題に対する本土と沖縄の対立を民族的な差別問題にすり替え、本土の反論を封殺しようとする基地反対派の戦略なのである。実際のところ、普通の県民で「沖縄が本土の日本人から民族的な差別を受けている」と感じている人はほぼ皆無だろう。

沖縄メディアが主張する「沖縄ヘイト」が笑いごとで済まされないのは、沖縄県民が過去、実際に差別を受けてきた歴史があるからだ。

よく知られているのは1903年の「人類館事件」と呼ばれるものだ。大阪の第5回勧業博覧会で、沖縄の女性が他の民族の人たちとともに「陳列」され、当時の沖縄人を憤激させた。

また沖縄では戦前から日本政府による「方言撲滅運動」が展開され、方言を使用した子どもたちは、首に「方言札」を掛けられた。これも現在の視点から見ればレイシズム以外の何物でもなかろう。

日本が第二次大戦の敗戦後、１９５２年のサンフランシスコ講和条約で独立を達成しても、沖縄は本土と切り離されたまま戦後27年間、米軍統治下にあった。その間、沖縄には日本国憲法は適用されず、県民は日本人扱いされなかった。沖縄県は法制度的に他の都道府県と対等な関係ではなかったのだから、明らかな「差別」である。

私は復帰翌年の生まれだが、それでも私の心には「自分は沖縄人なのか、日本人なのか」という若干の迷いがある。差別に苦しんできた先人たちのＤＮＡがどこかに生きているのか、本土の人たちと自分とは「人種的に違うのかも」と思うこともある。私より上の世代であれば、そんな感覚はなおさら強い。

「オール沖縄」は、差別に苦しんできた沖縄人たちの微妙な心のひだに入り込む。

翁長は辺野古移設に反対する県民大会で「ウチナーンチュ、ウシェーティナイビランドー（沖縄の人をばかにするな）」と方言で叫び、沖縄民族の獅子吼として沖縄メディアで大きく取り上げられた。政権と対立する「オール沖縄」が狙うのは、日本と沖縄の分断につながる「沖縄民族主義」の高揚だ。県民が「沖縄ヘイト」にさらされている、という報道にも「沖縄民族主義」をかき立てることで、辺野古移設反対運動を盛り上げようという底意がある。

現在は通信手段や交通手段が発達し、本土との距離は縮まり、沖縄は南国リゾート地として発展した。私たちの先人が差別に耐え、ひたむきな情熱を持って沖縄の地位向上に奔走したからだ。かつての沖縄メディアも、熱心に同胞の人権を擁護した。

沖縄メディアが今になって「沖縄ヘイト」の告発を始めるのは、いわば先祖返りの現象だ。だが、沖縄が日本復帰を果たして半世紀が経過し、かつてとは社会情勢が一変した今、反基地イデオロギー絡みで「沖縄ヘイト」を言い立てるのは、いかにも異様である。

沖縄県が制定した「ヘイト条例」の波紋

ありもしない「沖縄ヘイト」であっても、規制を求める声が沖縄メディアから強まれば「オール沖縄」県政も動く。県は2023年3月、「差別のない社会づくり条例」を制定した。外国人や性的少数者のほか「県民であること」を理由とする不当な差別的言動も防止対象に加えた。明らかに沖縄メディアがいう「沖縄ヘイト」を念頭に置いた条例である。

この条例では「本邦外出身者等」に対する不当な差別的言動を行った者に対し、氏名公表などの措置を取ると規定する。

「県民であることを理由とする不当な差別的言動」に関しては、こうした措置はないが、県はこうした差別的言動の解消に向けた施策を講じる。

この条例で、基地反対派に対する批判が「沖縄ヘイト」と決めつけられ、県から報復的措置を受ける、といった事態が起こることはひとまず、なさそうだ。ただ県が条例によって「沖縄ヘイト」という概念を公式に認めることになる、との問題点は残る。

これを足掛かりに「本土住民から基地反対派への批判は沖縄へイトであり、表現の自由では保護されない。罰則で抑圧すべきだ」という主張が現れないとも限らない。この条例も「オール沖縄」県政が後世に残す負の遺産になりかねないのだ。

条例を審議した県議会では、野党の自民党から「県民であること」を理由にした差別に関する条項が曖昧だと批判する声が出た。

反対討論した自民党の県議は、玉城県政自身が沖縄差別を顕在化させていると指摘。基地問題絡みの「沖縄へイト」と呼ばれる言動と沖縄県民であることを理由とする差別とは「切り離して考えるべき」との考えを示した。

自民党県議からは、ほかに「現段階では条例を制定できるほど議論が尽くされていない」という声や、むしろ基地反対派の米軍に対する口汚い罵倒などが問題だとして「米軍に対する抗議活動とヘイトの境目について議論が必要」という指摘も出た。

だが、条例は多数を占める与党の賛成多数で可決された。条例には罰則規定はなく、一部の識者から実効性を疑問視する声も出ているが、存在しないヘイトに罰則を設けることなど、そもそも不可能である。

あらゆる不当な差別を解消するため、せっかく成立した条例だ。おかしな方向に運用されることがないよう、県民自身が絶えず監視しなくてはならない。

「祖国は日本ではない」シンポでの過激発言

琉球新報は「沖縄ヘイトにあらがう〜私たちに何ができるか〜」をテーマにしたフォーラムを2023年11月10日、那覇市で開いた。登壇者からは「植民地主義とヘイトとレイシズム(差別主義)は同じ。琉球人として独立して行動しよう」(市民団体「ニライ・カナイぬ会」共同代表の仲村涼子)などと、一般の県民目線からすると、かなり過激な発言も飛び出した。

他国の脅威を背景に沖縄の安全保障を強化しようとする政府の方針は、沖縄への民族的差別なのか。登壇者の主張を聞けば聞くほど、逆に「沖縄へイト」とは何か分からなくなった。

パネル討論で仲村は、自らを「琉球の先住民族。祖国は日本ではない。琉球だ」と自己紹介。沖縄県が制定した反ヘイト条例に、民族を理由とした差別を禁止する条項が入っていないことに触れ「国連から(沖縄の人たちを)先住民族だとする勧告が出ている。先住民族を自認する人がいるのに、なぜ『民族』という言葉を抜いたのか。琉球はヤマトの植民地だ」と批判。現条例は「琉球人を差別していいというお墨付きを与えている」とした。

同じくパネル討論者の1人で「むぬかちゃー」の知念ウシが「(私は)日本人じゃなくてよかった」と客席に語りかけると、会場から大きな拍手が起きた。続けて知念は「私たちは同じ日本人として扱われていない。もう（日本を）見切らないといけない。復帰も望んでいたものではなく、日本へ再併合された」と語気を強めた。

沖縄への米軍基地集中に関し、本土の人たちに「あなたたちの基地だから、持って帰りなさい」と呼び掛けた。

基調講演した反ヘイト団体「のりこえねっと」共同代表の辛淑玉は、オスプレイに反対した自治体首長らの銀座デモに「売国奴」という罵声が浴びせられたことを挙げ「沖縄は中国に対する盾《たて》になって当たり前だという考え方」と説明した。

朝鮮人差別の歴史を振り返り「（差別の）次のターゲットは沖縄。沖縄は日本の植民地として、日本の犠牲になる。沖縄はもう一度、沖縄戦をやることになる。戦争は利権だから」と警告した。

辛に続いて基調講演した毎日放送ディレクターの斉加尚代は「軍事化を推進するための歴史改ざんの動きは、沖縄ヘイトと一致している。日本経済が衰退し、自信を失った人たちが『日本は素晴らしい国』という幻想にすがり、敵を探している」と指摘した。

シンポを聞く前から「沖縄ヘイト」とは、基地問題に対する本土と沖縄の対立を民族的な差別問題にすり替え、本土の反論を封殺しようとする基地反対派の戦略だと考えていた。

「沖縄ヘイト」という主張が、沖縄と日本の分断を志向する論理的根拠であることは、このやり取りからも明白だ。この主張を突き詰めると、沖縄の日本復帰は「間違いだった」ということになる。

沖縄メディアは毎年、復帰記念日に、まさにそう報道しているのだ。

汚された「復帰50年」の意義

沖縄は2022年5月15日に「日本復帰50年」の佳節を迎えた。しかし県内で祝賀ムードはほとんどなかった。

沖縄メディアは、沖縄がいまだに米軍基地の負担に苦しんでいることのみに焦点を当て、節目の復帰記念日は基地反対派にジャックされてしまったような状況になった。

象徴的なのは琉球新報の1面だ。50年前の復帰当日の紙面と同じ、「変わらぬ基地　続く苦悩」という大々的な横見出しを使った。「沖縄の変わらぬ現状を読者と共に再認識」（同紙）する趣旨だという。「沖縄の民意届かず」「軍事優先　暮らし犠牲」という、おどろおどろしい見出しも加わった。

琉球新報と沖縄タイムスはこの日、共同で両紙編集局長の寄稿も掲載した。琉球新報・松元剛編集局長の寄稿は「見て見ぬふり、いつまで」、沖縄タイムス・与那嶺一枝編集局長の寄稿は「祝意も失望もなく憂鬱」というタイトル。復帰がまるで沖縄の悲劇であったかのようだ。

松元編集局長は、本土をこう糾弾する。

「多くの県民が『日米関係（日米同盟）を安定させる仕組みとして、対米従属的日米関係の矛盾を沖縄に集中させる構造的差別（元沖縄大学長の故新崎盛暉氏）が深まっているのに、大多数の国民が見て見ぬふりを決め込んでいることに不満を募らせている。『不平等』よりも険しい響きを宿す『差別』を用いざるを得ない民意の地殻変動が起きているのだ」

与那嶺編集局長も沖縄の日本復帰への不満をあらわにする。

「憂鬱。復帰50年を迎える沖縄にいて、一言で表すならこの言葉がしっくり来る。（中略）復帰50年の節目に、米軍基地の負担に加えて、先祖返りしたような地政学的な台湾有事への懸念までも押し付けられる事態になるとは、あまりにも皮肉だ」

沖縄の復帰50年の佳節に、県紙を飾った論説は、読んでいて息苦しくなるような不平不満のオンパレードだ。私たちはそこまで本土から差別や弾圧を受けているのだろうか。辺野古移設というのは政府による恐るべき人権侵害なのだろうか。

本来なら県民は復帰50年を「佳節」と受け止め、メディアも含め、私たちが沖縄人であり、日本人である誇りと喜びを、素直に共有できる年にすべきだった。

「基地のない平和な沖縄」がこの半世紀、県民の悲願だったことは事実だ。だが、それが実現していないからと言って、復帰の意義まで汚してしまっていいのだろうか。沖縄が中国の脅威に直面している今「基地のない沖縄」という夢は破綻してしまったことが明らかではないか。

だが基地反対派は、東西冷戦の最中にあって、共産主義への憧憬を隠さなかった50年前の国際情勢認識から一歩も進歩していない。復帰当日の紙面と同じ見出しを使った琉球新報は、図らずも自ら思考停止状態を露呈している。

皮肉なことに、県紙が5月に本土紙と共同で実施した世論調査では「復帰して良かった」と回答した県民が9割以上に達した。県政や沖縄メディアがいかに復帰の意義を貶めても、圧倒的多数の県民は騙されていない。

沖縄は先の大戦で荒廃し、県民は27年に及ぶ米国統治に呻吟《しんぎん》した。50歳以上の県民は、日本人でありながら、日本国民としての権利が保障されない時代を実際に生きた。それほど遠い昔の話ではない。だから、復帰記念日に私たちが思いを致すべきは「基地のない平和な沖縄」などという幻想ではないのだ。沖縄に人権、自由、平和を回復するため、郷土と本土の先人たちがいかに懸命に戦ったか、という歴史である。

苦難の道のりは現在も続いている。だが、1972年が沖縄の輝かしい「再生元年」であったことだけは、間違いない事実として確認しておきたい。

首里城再建、国に支援求める県の〝ご都合主義〟

「オール沖縄」県政で沖縄と本土の距離感が広がっているが、さらに沖縄本島と離島の「心の分断」も進んでいる。図らずもそのことを浮き彫りにしたのが首里城(那覇市)の炎上だ。

2019年10月31日未明。「沖縄のシンボル」と言われた首里城が燃え上がった。琉球王国の歴史をしのばせる壮麗な建物が崩れ落ちる衝撃的な映像が全国を駆け巡った。火災の原因は現在でも分かっていない。

韓国出張中だった玉城は急遽《きゅうきょ》帰国した。首里城が焼失した翌日には早くも上京し、首相官邸で菅義偉官房長官と面会。「首里城は沖縄の歴史と文化の象徴であり、県民の心のよりどころだ」と再建を要請した。

石垣島に住んでいる私は、知事のスピーディな行動に感嘆した。と同時に、知事の行動があまりにスピーディ過ぎることにも疑問を持った。

「オール沖縄」県政は辺野古移設問題で国と厳しく対峙しているのに、いざ問題が起きると結局、一目散に国に泣きつくのか。

首里城は国営公園だから国の責任で再建を進めるべきという理屈は分かるが、基地問題では提訴までして戦っている相手なのだ。私にはご都合主義のようにしか感じられなかった。

血相を変える玉城の姿に「沖縄本島の住民にとって、首里城はそこまで大きな存在なのか」と冷めた見方をし、一種のカルチャーショックを受けたのも事実なのだ。なぜなら離島から見た首里城の相貌は、本島とはだいぶ違うからだ。

首里王府は、離島だけに過酷な「人頭税」を課し、石垣島では、地元豪族の反乱を武力で容赦なく鎮圧した。一方、石垣島住民にとって、王府に歯向かった豪族たちは謀反人ではなく英雄である。現在でも石垣島には琉球王府に立ち向かった「オヤケアカハチ」という豪族の銅像が立ち、命日には慰霊祭が挙行される。

与那国島には「クブラバリ」と呼ばれる岩の裂け目がある。重税に耐えかねた住民が、人減らしのため妊婦を飛ばせた場所と言い伝えられている。体力のない妊婦は裂け目に落ちて死んでしまうのだ。島の悲惨な歴史と、首里王府の容赦ない統治ぶりを後世に語り継ぐ名所となっている。

離島住民にとって首里城とは、郷愁の対象ではない。どちらかと言えば「圧政の象徴」なのだ。だから日本による琉球処分は、琉球王府の圧政崩壊、そして近代化への第一歩だった。だが沖縄メディアでは、琉球処分とは日本による沖縄の強制併合であり、沖縄の軍事植民地化の始まりという文脈で語られることが多い。

私は首里城の再建を機に、琉球王朝の「闇」も踏まえた歴史の再検証を期待した。だが火災から5年以上経った現在も、相変わらずメディアを中心に、県内は琉球王朝への礼賛ムード一色のように感じられる。

首里城の再建は着々と進む。県は首里城復興課を設置し、内閣府沖縄総合事務局のホームページにも「首里城正殿復元事業」が紹介されている。2026年度完成予定だ。国と県の連携は、辺野古移設問題と違い、だいぶスムーズであるように感じる。

琉球新報は2022年、正殿再建に向けた起工式を前にした社説で、新築される首里城について

「琉球王朝の繁栄から琉球併合、沖縄戦、戦後復興に至る沖縄の近現代史を学ぶ空間になる」と指摘。再建を「『償いの心』で日本政府は支援しなければならない」と論じた。

前述のように、同紙に代表される沖縄の一般的な史観によると、平和で豊かな暮らしを享受していた琉球王国を日本が無理やり併合し、沖縄戦、米軍統治と続く悲惨な状況に引きずり込んだことになる。

この史観は「県民は日米の軍事基地化で土地を奪われた琉球の先住民族」という、近年国連でもはびこる主張に発展した。こうした主張は「琉球独立論」と親和性が高い。

私はこれを「本島エスタブリッシュメント（支配層）史観」と呼ぶ。まあ冗談半分だが、こうした一面的な史観だけで首里城再建が進んでいくことに内心、ある種の抵抗感を禁じ得ないのだ。「離島平民の民衆史観」による僻みと言われれば、それまでだが。

私は沖縄メディアで「首里城は圧政の象徴」という離島住民の見方を紹介する記事を見たことがなく、ひょっとすると意図的に無視されているのかとも思っていた。だが玉城が著書で「宮古、八重山といった先島諸島の方々からすると、首里城は抑圧の象徴、あるいは搾取する側の場所と言う意見もあります」と述べているのを知り、意外に感じた。そういう心配りは素直に評価したい。

首里城の再建は今、県政が直面する重要課題の一つである。新たな首里城は、離島の歴史をも包含する、優しさを体現した建造物になってほしい。

基地問題で分断された県民に対しては融和のシンボルとなり、本土や海外に対しては、沖縄文化にとどまらず、日本文化の豊穣さをアピールする場にしたい。

「誇りある豊かさ」とは「オール沖縄」のようにむやみに国と対立することでなく、日本の中の沖縄として、果たすべき役割を毅然として果たす中で生まれてくる。私の考えでは、それは精神的な意味も含め「日本の平和を守る砦」となることだ。首里城が再びその美しい姿を取り戻す時、沖縄に真の「誇りある豊かさ」がもたらされることを願っている。

沖縄の「失われた10年」

「オール沖縄」が誕生した２０１４年の知事選で勝利したのが翁長ではなく、辺野古沿岸の埋め立てを承認した仲井真であったなら、10年後の沖縄はどうなっていただろうか。現在とは一変していた可能性が高い。安倍政権は火中の栗を拾った仲井真の決断を高く評価し、県と協力して大胆な沖縄振興策を次々と打ち出していたかも知れない。

辺野古移設の受け入れを前提に県が交渉するなら、移設後の基地の軍民共用、米軍と自衛隊との共用などのアイデア実現も絵空事ではない。安倍首相は当時のトランプ米大統領が緊密な関係を築いていたから、こうした問題でも米国と直談判できたはずだからだ。

当時、基地政策を担当していたのが剛腕で知られ、のちに首相にもなった菅官房長官だ。しかも菅は自他ともに認める沖縄通である。安倍政権は憲政史上最長の政権で、まれにみる安定性を誇った。それは本来、沖縄にとっての絶好機でもあったはずだ。

自民党沖縄県連顧問で、元県議の翁長政俊はこう推測する。

「仲井真さんが当選していれば、嘉手納以南の米軍基地返還も着手されていた可能性がある。沖縄振興はダイナミックに動き、鉄軌道の計画も進んでいたかも知れない。鉄軌道が実現すれば、那覇から名護までが通勤圏になる。新たな駅ができてニュータウンができる。若い人たちが移り住んで戸建ての家を持てるので、夢と希望が持てる。返還後の普天間飛行場、返還後の那覇軍港を含む沖縄本島の西海岸は再開発が進み、活性化していただろう」

だが、現実は全く違った。

「翁長県政の4年は、辺野古のワンイシューで明け暮れた。それで県民生活の何が変わったのか。玉城デニー知事になっても、新たな沖縄振興のプロジェクトは何もない。玉城知事は『県政の7～8割は基地問題』と言っている。それ以外の県民生活に直結する課題、沖縄振興予算の獲得の努力は、他府県と比較しても一段と劣っている。玉城県政はイデオロギー闘争に陥りがちで、県民生活の視点が抜け落ちている」

米国では第二次トランプ政権が発足したが、安倍はもうこの世にない。石破首相は沖縄県民が強く要望する日米地位協定の改定に意欲を示すが、米国に対し、安倍ほどの交渉力を発揮できるか未知数だ。

宜野湾市長を辞職して知事選に挑んだが2度にわたり玉城に敗れ、のちに同市長に復帰した佐喜真淳も「もし仲井真知事が3選され『オール沖縄』県政が誕生しなかったら」という仮定の問いにこう答える。

「今とは全く違う方向になっていただろう。『県民のための政治』という県政のアプローチが継続していれば、10年経てば一定の結果が出たことは容易に想像できる。政府との建設的な交渉の中で沖縄振興と市町村の発展が図られ、島嶼《とうしょ》県としてのハンディや格差も少なからず是正されていた」

そして「オール沖縄」県政が沖縄振興を推進できない抜本的な理由を指摘する。

「県が政府を相手に裁判しながら、一方で握手するというのは難しい。知事と首相の間で、信頼度の濃い話し合いができないからだ。基地問題で沖縄と政府の関係すべてが暗礁に乗り上げるような政治環境では、県民の生活と暮らしを守ることはできない」

「オール沖縄」県政がなければ、鉄軌道計画、子どもの貧困対策、全国最下位とされる生徒の学力向上対策、本島北部振興、離島振興といった長年の課題も、安倍政権の間に格段の進展を見たのではないか。

近年、沖縄を取り巻く国際環境が緊迫化したことを受け、沖縄は他の46都道府県のどことも違う「安全保障の要衝」と位置付けられるようになった。この状況を逆手に、沖縄振興の新たな局面を見出そうという意見もある。

例えば佐喜真は「好むと好まざるとにかかわらず、沖縄は現在、安全保障に重要な地域となっている。琉球王国以来、今ほど日本にとって沖縄の重要性が高まった時代はない。これをチャンスととらえ、沖縄から本土に向けた新たな発信や提案があっても良いのではないか」と分析する。こうした発想は「オール沖縄」県政には完全に欠落しているものだ。

県政による辺野古移設の執拗《しつよう》な妨害がなければ、工事は順調に進展し、何よりも今頃は、普天間返還後の再開発計画が具体性を帯びていたかも知れない。それが現在は、移設完了は早くて2030年代後半と予測される状況である。

沖縄の夢は、2014年「オール沖縄」県政の誕生とともに絶たれた。この10年、国と県が協力する大規模なプロジェクトで新規の芽出しはない。この遅れを取り戻すのは至難の業だろう。「オール沖縄」の10年は、沖縄の失われた10年にほかならない。

辺野古移設反対運動を装った「オール沖縄」の正体

ここまで「オール沖縄」県政の行動を追ってきて、今、改めて「オール沖縄」とは何かを考えている。

まず大前提として、この運動は単なる「米軍普天間飛行場の辺野古移設反対」を目的とした政治勢力の結集ではない、ということを押さえたい。それは一つの思想的潮流なのである。その行動原理は、軍事的な抑止力を否定すること、その帰結として沖縄と日本の「分断」を志向することだ。

「米軍基地は抑止力にならない」という主張は「オール沖縄」の政治家や沖縄メディアから何度も繰り返されている。沖縄メディアが米軍だけでなく、自衛隊にも非難の矛先を向けているのは既に見た通りだ。翁長は著書で「自分たちは辺野古移設に反対しているだけだ。日米安保も嘉手納基地も容認している」という趣旨のことを言っていた。だが翁長はともかく「オール沖縄」の政治家や沖縄メディアの報道を見れば、究極的な方向性として米軍だけでなく自衛隊も含めた全軍事力の撤去を志向していることは、誰も否定できない。

この運動の行きつく先は何か。沖縄を日本本土から分離し、非武装中立化することではないのか。「沖縄を平和の緩衝地帯にする」と述べた翁長は、実際にはそこまで意図していなかったのかも知れないが、それこそ「オール沖縄」思想の帰結だ。

沖縄メディアは「沖縄は本土から『構造的差別』を受けている」「沖縄へイトが蔓延《まんえん》している」と訴え、歴史的事実としての沖縄差別に苦しんできた県民の共感を勝ち取った。そして首里城炎上という悲劇さえも、琉球王国の歴史と絡め「沖縄民族主義」を称揚する手段に使い、県民の本土に対する敵意や反感を煽っている。

改めてまとめよう。「オール沖縄」とは「沖縄を日本から分断し、非武装中立化することで平和を実現する」ことを究極の目標とする、一つの確固とした思想であると言える。

「オール沖縄」の主目的のように思われている「辺野古移設反対」は実際のところ、多くの県民の支持を獲得するためのカムフラージュの旗印に過ぎない。さらに言えば、辺野古移設反対は「オール沖縄」を集票マシーンとして機能させるため、選挙用ツールとして「開発」された公約なのである。「オール沖縄」が一つの思想的潮流である以上、反「オール沖縄」——保守中道勢力と言ってもいいが——も対立軸となる世界観や沖縄の将来像を構築し、思想対思想の闘いを展開すべきだった。

しかし「オール沖縄」思想に対抗できる新たな思想的バックグラウンドもなく「辺野古移設が唯一の解決策」という技術論レベルの釈明を延々と繰り返すだけでは、選挙で負け続けるのも当然だ。いや、現実には自民党は論争すらしなかった。選挙で「辺野古」に言及しないというお粗末な戦術でその場しのぎに腐心し、その結果として重要選挙で連戦連敗を重ねた。その結果「オール沖縄」がこの10年、沖縄を政治的に支配することになった。

「オール沖縄」の対立軸になる思想とは何か。その答えを考える時、「オール沖縄」はなぜ生まれたか、というそもそもの疑問に行き着く。

私は自分なりに答えを持っているが、当事者でも政治家でもない私が語るより、ここで一人の「元政治家」に登場してもらう。彼もまた沖縄では非主流派である反「オール沖縄」の一人である。この人物の視点を借り、個人史と重ね合わせながら「オール沖縄」の発祥、そして終焉《しゅうえん》へ向かう道をたどってみたい。

第七章　「オール沖縄」はなぜ生まれたか

日本語学校経営者の告白

沖縄県内では2大県紙「沖縄タイムス」「琉球新報」が本島を中心に圧倒的なシェアを誇るが、離島の宮古、八重山諸島にもそれぞれ2社の新聞社が存在する。

八重山日報は1977年、沖縄タイムスの元記者で、石垣市出身の宮良長欣が創業し、同市に本社を置く小さな新聞社である。規模からいうと県内の6新聞社の中で最後尾のランナーだが、尖閣諸島を抱え、台湾にも近い「国境の島」のメディアとして沖縄で唯一「オール沖縄」に疑問を呈する記事、論説を掲載し続けてきた。

八重山日報の特徴の一つは創業から50年近く、八重山に土着し、島内の人脈だけで運営されてきたことだ。しかし2024年、沖縄本島出身の人物が初めて社主、すなわち大株主となった。世界各国から来日した留学生などが学ぶ日本語学校「JSL日本アカデミー」(浦添市)の経営者、島尻昇理事長である。

沖縄本島西海岸を南北に貫通する幹線道路・国道58号線を県都那覇市から北上すると、隣の浦添市に入ってすぐ、右側の国道沿いに堂々と聳《そび》え立つビルが見える。最上階の壁面に、英語で大書された「JSL」という3文字が映える。

戦火が続くウクライナから沖縄に逃避した女性と記念撮影する八重山日報の島尻昇社主(左)と宮里育江社長(右)。島尻社主が経営する日本語学校は避難民受け入れにも取り組んでいる(2024年4月、沖縄県浦添市のJSL日本アカデミー)

教室を訪ねると、まだ面差しに幼さを残した20代の若者たちが座り、熱心な表情で日本語教師の授業を受けていた。突然入ってきた私に気づき「こんにちは」と挨拶する学生もいる。無邪気だが礼儀正しい。

一階の理事長室には恰幅が良く、鋭い眼光で戦国武将のような風貌の島尻がいた。66歳である。ＪＳＬの教育方針を聞くと、島尻は即答した。

「日本人の考え、ルール、礼儀、マナーを身につけてもらう。日本社会で受け入れられる人材として羽ばたいてもらう」

単に日本語を習得させるだけでなく、日本社会と融和できる国際人を育成したいという。

近年の少子高齢化で日本社会の労働力不足が深刻化している。近い将来、外国からの労働者だけでなく、本格的な移民受け入れを迫られる可能性もある。

近年、就労や就学のため来日した外国人と地元住民の間でトラブルが頻発している。島尻の考えは、留学生らが来日した段階で日本人の考えを理解させ、トラブルの芽を摘むというものだ。

同校では授業中、学生が寝ることは決して許さない。私語も厳禁だ。学生寮を用意しているが、部屋の掃除は自分で徹底してやらせる。かつては島尻自身が怠惰な学生たちの前で、率先してトイレを掃除して見せ、学生たちが目を丸くしたこともあった。

島尻によると、ミャンマーから来た学生が「JSLは何でこんなに厳しいんですか」とこぼしたことがある。島尻が「何を言うんだ。君の国でも厳しい軍政を敷いているだろう」と冗談交じりに返すと、学生は「ここは軍政より厳しいです」と真顔で答えた。

「まあ、ショックだったよ。学生を殴る蹴るしていたわけじゃないからね」。島尻は苦笑しながら、そのエピソードを語った。

そんな熱血漢の島尻は、かつて自民党政権と闘い、沖縄から政権交代を希求した元政治家だ。だが選挙で一度も当選は果たせなかった。現在、日本語学校理事長の肩書を持つとはいえ、県内での知名度は高いとは言えない。

一方で妻、島尻安伊子は安倍政権で沖縄担当相を務めた現職の衆院議員である。宮城県仙台市出身だ。

夫である島尻の名前が現在、沖縄の政治で話題になることはほとんどないが、島尻の政治に対する関心が消えたわけでは全然ない。今でも気が合う人に対しては、熱い口調で沖縄の将来を語る。その訴えには、一本の筋が通る。「オール沖縄」に一片の共感も示さないのだ。

「今のよどんだ県政を変えたい」

週一回の「島尻昇のラディカルラジオ」と銘打ったラジオ番組では、決まって「オール沖縄」県政に毒を吐く。私は番組にゲストとして招かれたことをきっかけに、島尻と知り合った。

彼の政治経歴から「オール沖縄」誕生前の沖縄が見え、なぜ彼が「オール沖縄」に違和感を抱き続けるのかも分かってくる。彼の言葉を借りて「オール沖縄はなぜ生まれたか」を探ってみよう。

島尻の回想は「オール沖縄」誕生から遡ること約20年前、翁長雄志とのエピソードから始まる。

「オール沖縄」生みの親の本音

美しい海原が目前に広がっていた。名護市にある米軍キャンプ・シュワブ北側の大浦湾だ。輝く水面を眺めながら、島尻は「ここを埋め立てるのはもったいないな」と思った。

１９９６年に日米が普天間飛行場の全面返還で合意したあと、代替施設の建設先として辺野古沿岸が浮上した。米軍が排他的に使用できるキャンプ・シュワブの制限水域内にあることなどが理由だ。当初、代替施設は滑走路ではなく、海上へリポートが検討されていた。

大浦湾を見つめる島尻の隣には翁長がいた。40代後半の翁長は県議で、自民党沖縄県連の幹事長。

県内では、既に自民党の大物として評価を確立していた。

8歳年下の島尻は新党「さきがけ」の沖縄代表だ。初挑戦した1993年の衆院選で落選した島尻と翁長では、政治家としての格差は大きいが、当時、中央政界では「自社さ政権」が成立していた。2人は国政与党の同志だった。

島尻の記憶では、2人で辺野古沿岸を訪れたのは1997年頃。翁長とともに普天間飛行場移設先を視察するため、沖縄防衛局が手配したバスに乗り込んだ。参加者は翁長と島尻しかいない。県内移設に反対していた革新系政党の政治家は同行を拒否していた。

島尻は隣の翁長にこう言った。

「普天間をここじゃなくて、嘉手納飛行場に統合するとか、伊江島の米軍飛行場に統合したらどうですかね」

島尻としては、普天間飛行場の移設先に深い考えがあったわけではない。ただ大浦湾の埋め立てを避けるため、その場で思いついたアイデアだった。

翁長は呆れたような表情で島尻を見た。

「君は全然、勉強不足だね」

「……」

「ここしかないんだよ。辺野古しかないんだよ。勉強しなさい」

翁長は政治家として大先輩である。島尻は「ああ、そうですか」と答えるほかなかった。翁長が言う通り辺野古への移設を進めれば、普天間飛行場は撤去され、宜野湾市民が事故の恐怖から解放される。跡地利用で市が発展すれば、沖縄全体の県益になる。その理屈は島尻にも理解できた。

だが当時の島尻は内心、翁長に軽い反発も感じた。「せめて埋め立てるのではなく、浮体をヘリポートに使う『フロート案』ではどうか」とも思った。

島尻は衆院選に計5回立候補することになるが、普天間飛行場の全面返還が浮上して以降の4回の選挙では「辺野古移設反対」の姿勢を堅持する。

だが政界から引退した20年後の現在、島尻は辺野古移設容認に転じている。理由を聞いた。

「辺野古が一番現実的ですよ。仮に普天間を愛媛、香川、大分に持って行っても、意味はない。最前線の沖縄に米軍基地があることで、脅威に対する抑止力が保てる。国際社会は甘いもんじゃない。沖縄には尖閣諸島問題もある」

島尻は沖縄の中でもとりわけ、尖閣諸島を抱え、台湾に近い八重山諸島を取り巻く情勢を憂慮していた。

ところが「移設先は辺野古しかない」と言っていた翁長はその後「オール沖縄」の生みの親となる。「辺野古新基地建設反対」を連呼し続け、知事在任中の2018年に死去したが「命を削って辺野古移設に反対した」と多くの県民に尊敬されている。

しかし島尻は、翁長の豹変《ひょうへん》ぶりについて行けなかった。

「翁長さんのあの言葉は何だったんだろう」

皮肉にも島尻は、現在なら翁長が語った「辺野古しかない」という言葉の意味を明瞭《めいりょう》に理解できる。だからこそあの日の翁長を思い出すたび、疑問と困惑がいや増すのだ。

辺野古移設賛成派からの「変節」

島尻は沖縄の政界で12年間苦闘した。

那覇市出身。慶応大卒業後、東京で議員秘書などを務めて帰郷し、1993年、35歳で日本新党から衆院選に初挑戦して落選した。だが同党沖縄代表として沖縄にとどまり、1995年から96年まで「さきがけ」沖縄代表を務めた。

その後旧民主党に移り、民主党沖縄代表（97～98）、民主党沖縄総支部連合会幹事長（99～01）、民主党沖縄総支部連合会代表（01～04）、同代表代行（04～05）を歴任した。

その間、民主党公認や無所属の立場で衆院選にさらに4回立候補するが、すべて敗れた。弱小政党に所属し、本土に住んでいた期間が長く、親戚に有力者がいるわけでもない。「票だけもらいに沖縄に帰ってきたのか」と陰口を叩かれた。地縁血縁の要素が強い沖縄の選挙では初めから不利だった。

島尻とは対照的に、沖縄で政治家としてのキャリアを着実に積み上げたのが翁長だ。父が元真和志市長、兄が元副知事という政治家一家に生まれ、1985年から那覇市議を2期、92年から県議を2期務めたあと、2000年には那覇市長に就任、4選を果たす。沖縄の典型的な主流派政治家だ。

島尻が証言するように、県議時代の翁長は熱心な辺野古移設推進派だった。本土ではあまり知られていないようだが、沖縄では周知の事実である。

翁長は著書『戦う民意』で、経済人だった稲嶺恵一の選対本部長を務めた1998年知事選について書いている。稲嶺は普天間代替施設の使用期限を15年に限り、軍民共用空港とする公約を掲げた。

「この移設先の基地の使用期限を公約に入れさせたのは、自民党幹事長だった私でした。防衛庁の官房長クラスと話をして『これを掲げなければ選挙に勝てない』と食い下がって、政府側にのんでもらった経緯があります」

翁長はもともと県内移設には懐疑的であり、使用期限付きで県内移設を認めたのは〝苦渋の選択〟だったという。その後、改めて県内移設反対に転じた理由については、日米両政府が2006年に15年の使用期限という条件を消し去ったことを挙げている。

翁長は2007年、沖縄戦で日本軍が住民の集団自決に関与したとする記述を修正させた教科書検定に抗議する「県民大会」で先頭に立った。保守でありながら革新支持層の心を巧みに掴む翁長を、沖縄メディアは次世代のホープとして盛んに取り上げるようになる。

2014年の知事選で、翁長が辺野古移設反対で保革をまとめるのに使った「イデオロギーよりアイデンティティ」というスローガンは、広く人口に膾炙《かいしゃ》した。「保革のイデオロギーを超えて、ウチナーンチュというアイデンティティで一つにまとまろう」という意味だ。

翁長は「腹八分、腹六分」とも語った。保守であろうが革新・リベラルであろうが辺野古移設反対の一点でまとまりさえすれば、政策の一致は100％である必要はなく、6～8割くらいでいいというわけだ。

翁長は自著で「私は自然と辺野古移設反対運動の中心的な存在になっていきました。基地の前で赤いゼッケンを付けて、シュプレヒコールもしました」「保守の仲間からは『おまえ、右ピッチャーだと思ったら、左ピッチャーだったんだな』とからかわれました。私は『いや、スイッチヒッターですよ』と言い返していました」と振り返っている。

だが、翁長がなぜ辺野古移設への態度を180度転換したのか、彼自身の説明だけでは釈然としない。

「オール沖縄」は辺野古移設に反対するだけではない。自衛隊の増強に反対するなど、軍事力による抑止力を疑問視する組織である。それは自民党に代表される従来の保守の政策とは相いれない。

自他ともに認める保守の政治家だった翁長が「オール沖縄」を創設するということは、政治的な信念を「保守」から「革新」へとシフトすることを意味する。現実との妥協などといった生易しいものではなく、文字通りの〝変節〟ではないか。

事実、知事就任後の翁長の行動を見る限り、それは保守政治家ではなく、革新政治家のそれだった。翁長をそこまで駆り立てたのは「政治的な信念を変えてでも知事になりたい」という強い思いだったのだろうか。

私が取材した沖縄の政界関係者の間では、2014年の知事選で現職の仲井真弘多が3期目への意欲を示したため、禅譲を期待していた翁長が反発したという見方が有力だ。

那覇市長時代には胃がんが判明している。仲井真が勇退しなかったため、自らの健康状態も含め「知事を目指すには今しかない」と決断した可能性がある。

「県政」舞台回しの策士

「『オール沖縄』は、翁長さんが知事になるための戦略的な政治闘争の中で生まれた」

そう振り返るのは、翁長より一歳年上で、自民党で翁長と長期間「盟友」関係にあった同党沖縄県連顧問の元県議、翁長政俊だ。

「仲井真さんは、やり残した沖縄振興策を3期目で完成させたいという強い意欲を持っていた。

後継者問題は明確な結論が出ておらず、翁長氏は仲井真さんが3選出馬するのか、自分に禅譲するのか見極めるため、いろいろ情報を取っていた」

仲井真は2013年12月に辺野古沿岸埋め立てを承認。安倍晋三政権から巨額の沖縄振興予算を約束され「良い正月になる」と発言した。だが沖縄メディアから「即刻辞職し信を問え」「民意に背く歴史的汚点」（琉球新報）などと罵倒される。

「仲井真さんへの激しいバッシングを見ていた翁長さんは、翌年の3〜4月ごろから『オール沖縄』をつくる方向に大きく舵を切った。発言も先鋭化し、エスカレートしていき、辺野古反対運動の先頭に立った。世論の動きを見極め、革新側に軸足を移し、知事選出馬の腹を固めたのだと思う」

もちろん違う見方もある。沖縄ではむしろ、こちらが一般的な見方だ。

翁長とたびたび懇談する機会があったという琉球新報の普久原均は編集局長時代、同社名で刊行した書籍『魂の政治家　翁長雄志発言録』（2018年）でこう綴る。

「人口で1％、面積では0・6％にすぎない沖縄に対し、日本政府という巨大な存在が総力あげてその民意を踏みにじろうとする中、翁長氏はそのありさまを舌鋒鋭く批判し、敢然と対決し続けた」「辺野古新基地を拒否する翁長氏の意思に、私心はみじんもなかった」

いずれにせよ、翁長は徹底したリアリストだった。石垣市長の中山義隆によると、知事選出馬直前、市長たちとの非公開の会合で、辺野古移設に理解を示す出席者に「基地に反対することで振興策が取れる」と言い放った。

また、市長たちのプライベートな飲み会で、若手市長から基地問題に対する裏表のある態度を批判され「君たちとは世代が違うんだよ」と声を荒らげたという。

島尻は「翁長さんというのは策士だった」と批評する。こんなエピソードも語った。

島尻の7歳下の妻、安伊子は2004年の那覇市議補選で初当選し、政治家の道を歩み始める。擁立したのは民主党沖縄総支部連合会代表である夫の島尻だった。

当時の那覇市長は翁長である。安伊子は当選後、民主党を離党し、翁長を支える与党として活動するようになった。翁長はそんな安伊子に注目し、2007年の参院補選で、自民党の候補として大抜擢《ばってき》した。

安伊子はこの選挙で参院議員のバッジを手にし、2015年には安倍内閣で沖縄担当相となる。2025年現在は現職の衆院議員だ。翁長は、政治の世界では安伊子の恩人なのである。

参院の安伊子の前任者は革新系で、参院補選は自民党にとって議席奪還がかかった選挙だった。翁長が安伊子に目をつけたのは「この人なら勝てる」という嗅覚が働いたためだろう。老練な政治家、翁長の面目躍如である。

出馬会見の直前、翁長から安伊子に電話がかかってきた。

「出馬会見というのは、普通は候補者が夫婦で同席する。だが、今回は旦那さんの島尻昇を外してくれないか」

沖縄で民主党の代表を務め「敵の大将」だった島尻が出馬会見に同席するのは絶対に嫌だ、と自民党の支持者が反発したというのだ。

安伊子からその話を聞いた島尻は、政治家としての自らの軌跡を否定されたと感じ、激怒した。

「俺たちがここまで頑張ってきたことは嘘だっていうのか」

安伊子は翁長に「島尻がどうしても同席する」と伝え、翁長も了承するほかなかった。

そして出馬会見の当日。会場に到着し、自らに用意された席を見た島尻は唖然《あぜん》とした。確かに安伊子と同じテーブルだったが、島尻の席は安伊子から数メートル離れた端っこに置いてあった。新聞、テレビの写真や映像で、安伊子と夫が同時に映らないよう配慮されていた。

「確かに安伊子の隣にいたけど……。僕には想像もできないことで、これが政治か、と思ったね。もう怒りも何もない。翁長さんからはあとで『悪かったな』と言われたけどね」

島尻は苦笑する。

「初代将軍」の殉職

翁長は知事1期目の最終年である2018年5月、膵臓《すいぞう》がんを患っていることを公表した。私が最後に翁長の姿を直接見たのは、糸満市の平和祈念公園で開かれた同年6月23日の沖縄戦全戦没者追悼式だった。

翁長は抗がん剤治療の影響で頭髪が抜け、追悼式には帽子を着用して現れたが、その激やせぶりに、私の周囲にいたメディア関係者たちからため息が漏れた。声も精神力で振り絞っている感じで、全盛期に比べると随分張りが失われていた。

このままでは知事の職務どころか、生命も持ちそうにない。私は一刻も早く辞職して療養に専念すべきだと思った。だが翁長は知事職にとどまり続け、前知事による辺野古沿岸の埋め立て承認を「撤回」すると予告した。

だが実際には撤回に踏み切らないまま、8月7日には意識混濁の状態になったと県から発表があり、8日死去した。享年67歳。

最期まで知事を辞職することはなく、入院時にも、自らが意思決定できない事態になれば職務代理者を置くよう指示していたという。

琉球新報は「文字通り、命懸けで政治家の職務を全うした」「辺野古新基地建設の阻止に命を懸け、『殉職』した」と翁長を賞賛。沖縄タイムスは「安倍政権にいじめ抜かれた」と深い同情を込めて翁長をしのんだ。安倍政権との対立で壮烈な戦死を遂げたかのようだった。

翁長は死去直前「埋め立て承認の撤回は自分の手でしっかりやりたい」と謝花喜一郎副知事に語っていたというから、辞職したくてもできなかったのかも知れない。

しかし、県が2016年、埋め立て承認「取り消し」をめぐる政府との法廷闘争で最終的に敗訴したあと、直ちに撤回する選択肢もあったのだ。それを2年近く遅らせたのは翁長の政治判断である。撤回の時期を知事選に近づけることで県民の反基地感情を盛り上げ、選挙を有利に持ち込もうという再選戦略だった可能性が指摘されている。事実なら、それが仇《あだ》になったのかも知れない。

結局、翁長の死後に職務を引き継いだ謝花副知事が埋め立て承認を撤回するが、法廷闘争の末、玉城知事時代に最高裁で県の敗訴が確定した。

私は島尻に、翁長という政治家をどう評価するか聞いた。

「何だろう……。もちろん当選はしたいけど、自分の信念を変えてまで通ろうとは思わない。だって当選することが目的じゃないから。当選して何をするかが大事」

「島尻さんなら『オール沖縄』の潮流に乗ろうとは思わなかった？」

「僕はもう70近くになるけど、当選のために信念を変えようとは今も思わない。だからバカだって言われるけど」

コンプレックスに苦しめられた沖縄人

島尻が那覇市で生を享けたのは、沖縄が日本に復帰する14年前、1958年6月12日である。父は琉球政府の職員を経て本土復帰後、検察官や裁判官を歴任し、母は電電公社（現在のNTT）に勤務。3人きょうだいの長男だった。

両親ともに多忙だったため、幼少期は母の実家がある羽地村（現在の名護市北西部）に預けられた。「言葉が那覇のアクセントだったから、いじめられた」と当時を振り返る。

まだ物心がついたばかりの子どもだった島尻は、のちに政治家を目指す原動力となる衝撃的な言葉を、周囲の大人たちから聞いた。

「ヤマト（本土）の人はとても勤勉だからすごいさあ。ウチナーンチュ（沖縄人）はどんなに頑張ってもヤマトンチュ（本土の人）には勝てんさあ」

ウチナーンチュはヤマトンチュより劣った存在だと、ウチナーンチュ自らが認めていたのだ。

島尻の心で、むくむくと反発心が膨らんだ。「どんな環境に生まれようと本人の意思と努力が大切じゃないか。それじゃあ俺が結果を出して証明してやろう」と思ったと、のちに回想している。

沖縄に生まれた者にとって、沖縄人であることは、それだけで一つの大きなコンプレックスだった。この精神構造は、沖縄の地理と歴史抜きには語れない。そして私の考えでは、この精神構造こそ、のちに「オール沖縄」という政治勢力のバックグラウンドになるのである。「沖縄ヘイト」のところでも言及したが、大事な点なので改めて詳しく述べたい。

沖縄は、地理的には本土から隔絶された辺境の地にある。今でこそ「アジアの玄関口」と呼ばれるが、かつては片田舎の中の片田舎、孤島の中の孤島、最果ての地だった。

歴史的には、1609年に薩摩藩の侵攻と一方的な支配を受けるまで、王家の尚氏を中心とした「琉球王国」という独立国だった。薩摩藩の属国となった一方、中国の冊封体制にも入り、琉球王は中国皇帝に忠誠を誓っていた。

明治維新後の琉球処分で琉球藩、そして沖縄県になったが、県民はそもそも「日本人」という意識を抱きにくいルーツを持っている。

独特な方言のせいで本土の人たちとの意思疎通もままならず、戦前から「二等国民」扱いされた。戦中は悲惨な沖縄戦を経験し、軍民が混在した極限の状況で旧日本軍から虐待された記憶は、現在も生々しく語り継がれている。

戦後、荒廃した県土は米軍支配下に置かれた。日本と連合国48カ国によって調印され、1952年4月28日に発効したサンフランシスコ講和条約で日本は独立を回復したが、沖縄、奄美、小笠原は本土から切り離され、引き続き米軍に統治された。経済は本土から大きく立ち遅れ、沖縄は文字通り「未開の地」だった。

沖縄では長く、4月28日を「屈辱の日」と呼び、平和憲法のもとにある日本復帰を熱望した。

現在のように、自然の美しさ、豊かさが評価される時代ではない。方言をはじめとする郷土文化は、むしろ沖縄の後進性の表れだとされた。県民は沖縄出身であることの誇りやプライドを持ちたくても、持てない時代だった。

そんな状況に加え、復帰前、沖縄県民は法制度的にも、日本人であって日本人ではなかった。本土に渡航するにはパスポートが必要だったのである。

1958年、県勢として初めて甲子園に出場した首里高校が初戦で敗退。思い出に甲子園の土を持ち帰ろうとしたが、那覇港に到着したところで米国の検疫に引っ掛かり、土を海中に捨てられた「悲劇」のエピソードがある。当時の沖縄は日本ではなく、米国だったのだ。

私は復帰前、進学や就職で本土に渡った先輩から話を聞いたことがある。ちょうど「団塊の世代」の人たちだ。東京で「君は沖縄から来たのか、日本語は話せるのか」と蔑まれたり、居酒屋の入口で「沖縄人お断り」という貼り紙を見た経験を語ってくれた。現在なら間違いなく「沖縄へイト」と呼ばれるであろう差別だが、当時は別に珍しいことではなかったのだ。

現在、沖縄メディアや基地反対派はしきりと「沖縄へイト」という言葉を使いたがる。米軍基地の撤去を訴える県民に対し、本土住民が投げかける批判的な言動が「沖縄へイト」だと主張する。だが、それは民族的差別ではなく、意見の相違に対する感情的な反応に過ぎない。それに対し、復帰前後まで本土では、沖縄県出身者に対する差別が確かにあり、それは正真正銘の民族的な差別だった。

地理的、歴史的に複雑な背景を持つ沖縄人が「自分は日本人なのか、沖縄人なのか」と悩み、本土に対し、潜在意識まで染み渡るような強いコンプレックスを持つようになっても不思議ではない。

島尻もまた、そんな沖縄人の一人だった。

そのコンプレックスが、沖縄人にとってどれほどの桎梏《しっこく》だったか。復帰翌年の1973年生まれで、島尻よりだいぶ世代が下の私でさえ、島尻たちが抱いたコンプレックスを共有できる気がする。私の見方では「オール沖縄」は、広く県民に通底するこの違和感を徹底的に利用した。そして沖縄と日本を分断しようとした。

島尻は断言する。

「メディアは『沖縄は差別されている』ってばかり言っているけど、僕は沖縄くらい優遇されている県はないと思う」

政府は現在まで6次にわたる沖縄振興計画を策定し、復帰後の沖縄に膨大なインフラ整備の予算を投入。沖縄は、他県に比べ財政的な優遇措置を得て公共施設を整備してきた。

これはもちろん、熾烈《しれつ》な沖縄戦と米軍支配による経済的な立ち遅れ、本土から遠く隔てられた離島県という特殊な地理的条件を考慮したものだ。

中央政界にも戦中派で、戦場となった沖縄に贖罪《しょくざい》の思いを持つ有力者がおり、振興策をプッシュした。

沖縄が他県と比べての優遇措置を要求するのは、当然の権利と言えばそうなのかも知れない。だが島尻は、主要メディアや「オール沖縄」の政治家から、日本という国家に対する感謝があまり感じられないことを疑問に思う。

日本新党から国政初挑戦

本土とのさまざまな格差に悩み続けた沖縄県民の悲願は「沖縄が本土と肩を並べること」だった。具体的には「沖縄勢が甲子園で優勝すること、沖縄から大臣を出すこと」の2点である。

幼い島尻は「俺が沖縄の悲願を実現してやろう。政治の世界で大臣を目指す。どうせ大臣になるなら、総理大臣になってやろう」と決意した。

親にせがみ、パスポートを手に本土へ渡った。熊本の私立熊本マリスト学園中学部に編入され、中学3年の時、東京都杉並区立東田中学校に転校し、そこから都立西高等学校に進学。東大を目指したものの、最終的には慶応大法学部法律学科に入学した。

卒業後、特定医療法人徳洲会に就職し、徳田虎雄理事長のもとで働いた。退職後は米国南部アラバマ州にあるスプリングヒルカレッジ・カリフォルニア州立大フラトン校に語学留学し、米国での生活体験も積んだ。

1989年には参議院議員の秘書となった。この頃、東京で元証券会社社員の安伊子と知り合い結婚した。

安伊子は高校生の時に母、大学生の時に父を相次いで亡くした。その父が生前、中国の万里の長城とともに「一生に一度は必ず訪れるべき場所」と娘に語っていたのが沖縄の「ひめゆりの塔」だった。「ひめゆりの塔」は沖縄戦末期、沖縄師範学校女子部と県立第一高等女学校の女学生、女性教師が看護要員として日本軍に動員され、136人が死亡した悲劇を後世に伝えるため建立された。女学生たちは「ひめゆり学徒隊」と称される。

父は「お前くらいの年頃の女の子が戦争で犠牲になったことを忘れてはいけない」と涙ながらに戒めたという。のちに沖縄担当相となる安伊子と「沖縄」とのつながりはその時から始まっていた。

安伊子からそのことを聞いていた島尻は、新婚旅行先に「ひめゆりの塔」を選んだ。普通は新婚旅行というと甘い思い出だが、会うことがなかった亡き安伊子の父親の言葉を実現させたい一心だった。戦後生まれの島尻だが、彼もまた、沖縄戦の悲惨な記憶から逃れることはできなかった。

家庭を持ち、いよいよ念願の政治への道を模索するが、なかなか立候補の機会が訪れない。

「中央を見てると、小沢一郎さん（元自民党幹事長）、羽田孜さん（元首相）も20代から30代で国会議員になっている。沖縄から総理大臣になるのは、最低でも35歳までに選挙に出なきゃ、という思いがあった」

タイムリミットとなる35歳の誕生日まであと6カ月に迫った1992年12月、たまたま沖縄に戻る機会があり、弟と会食した。

「政治家になるには、年齢的に厳しくなってきたな」

「兄貴、政治家の夢は捨てるの?」

「あと6カ月ある。チャンスがあれば何とかしたい」

そんな会話をしながら痛飲した翌朝、チャンスは到来した。

「新しい政治家募集。日本新党」

家に配達されてきた琉球新報を開くと、紙面の下にそんな広告があった。

日本新党は、前熊本県知事の細川護熙を中心に、1992年5月に結党された。その後の政界を席捲《せっけん》する「新党ブーム」の先駆けだ。同年7月の参院選では比例で早くも細川をはじめ4人の当選者を出し、次期衆院選に向け、日本初となる候補者公募を始めたところだった。島尻にとって、まさに絶好のタイミングである。

日本新党に論文を提出し、数回の面接を受けた。すると最終審査に残り、東京の党本部で代表の細川から直接、面接を受けることになった。

候補者公募の最終審査に進んだのは3人。島尻のほか、のちに菅直人内閣の官房長官、立憲民主党代表を歴任する弁護士の枝野幸男もいた。もう一人は政治家になることはなかったという。

細川は「どこの選挙区で出たいんですか?」と聞いた。島尻は「東京一区か、沖縄全県区です」と答えた。

東京一区は「皇居があるから」選んだ。だが、既に海江田万里(のちに衆院副議長)が候補者に決まっていた。

細川は「沖縄は面白いね」と島尻の答えに反応した。島尻が日本新党の公認として、沖縄県全県区に立候補することが決まった瞬間だった。

衆院選は翌1993年7月である。当時は中選挙区の時代。5議席を7人が争い、島尻の国政初挑戦は最下位での落選に終わった。得票数は3万4945票。トップ当選は前知事の西銘順治で、得票数は11万1196票だった。

島尻は政治家として何を目指したのか。

「根本にあったのは『保守か、革新か』というイデオロギーの対立ではなく『真ん中がある』という信念。基地反対、賛成という対立を超えた政治をしたかった」

30年後の現在、そう語る島尻に、私は「それこそまさに『オール沖縄』じゃないでしょうか」と口を挟んだ。

沖縄は基地受け入れの是非を巡り、昔から「白黒闘争（白か、黒かの争い）」と言われる保革の政争が激しい地域だ。保革の対立がなくなり県民が一つにまとまれば、画期的な出来事になる。

普天間飛行場の辺野古移設反対で保革がまとまるというイデオロギー闘争的な「オール沖縄」ではない。保革が協調し、一つになった沖縄が国と連携して振興策に邁進《まいしん》するという、本来の意味での「オール沖縄」である。それこそ島尻が理想とした政治だった。

自分の理想を「オール沖縄」だと指摘されると、島尻は呆れたような表情を見せた。「今の『オール沖縄』とは似て非なるものですよ」

「辺野古」は最大の争点ではなかった

普天間飛行場問題は全面返還が決まった1996年の日米合意後、代替施設として名護市に海上ヘリポートを建設する案が浮上。名護市では1997年、市民投票が行われて反対多数となったが、比嘉鉄也市長は受け入れを表明し辞職した。

1998年には移設後の基地を15年の使用期限付きで軍民共用空港とする公約を掲げた稲嶺恵一が知事に就任。2006年には辺野古沿岸にV字型の滑走路を建設する現行案で政府と名護市の島袋吉和市長が合意した。

2006年の知事選では稲嶺の後継で、県内移設を事実上容認する仲井真弘多が県内移設反対の革新系候補を破って当選した。当時は辺野古移設の是非というより、移設後の基地の使用期限、軍民共用化、滑走路の形状などといった普天間の返還手法のほうが注目されていた。

今でこそ普天間飛行場問題は県内最大の政治課題とされ、「米軍基地問題」のカテゴリーとは別格扱いと言っていいほどだが「オール沖縄」誕生前はそうではなかった。

普天間飛行場問題は最大の争点には違いないが、それでも数ある基地問題の一つという位置づけだ。しかも衆院選では、宜野湾市がある沖縄2区や名護市がある沖縄3区のローカルな問題として認識されていた。

現在、よく知られている「政府が県民の民意を強権的に抑え込み、辺野古の美しい海を埋め立てて戦争のための新基地を建設しようとしている」というストーリーは「オール沖縄」誕生後に翁長、玉城県政下で流布した「神話」なのだ。

普天間返還合意から約20年間は、県民や選挙の候補者の間でも、辺野古移設は政府が進める県民の負担軽減策だという共通認識があった。しかし2013年末、仲井真が辺野古沿岸の埋め立てを承認し「オール沖縄」が誕生した頃から、沖縄メディアは辺野古移設を「新基地建設」と言い換えるようになり、上記の「神話」が定着した。

私が新聞を調べた限り「新基地」という言葉を最も早い段階から使っていたのは共産党だった。辺野古移設が新基地建設と呼ばれることが一般的になってから、移設反対のウェーブは沖縄全体を巻き込んで巨大化した。

島尻はと言えば、2005年の衆院選で沖縄2区から立候補した。「普天間問題」について「普天間飛行場は国外（グアム、サイパン、オーストラリアなど）へ移設し、辺野古など県内移設は中止すべきだ」（琉球新報）と主張した。結果として、これが最後の国政挑戦になる。

現在の島尻に、辺野古移設に反対した理由を聞くと「あの頃、『県内移設容認』という野党はなかったんじゃないかな」という答えが返ってきた。

「2004年に沖縄国際大に普天間飛行場のヘリが墜落した。僕も普天間飛行場は危険だという認識はあって、移設先はともかく、どうしても移さないといけないとは思っていた。辺野古移設反対という世論は、そこまで大きくはなかった。率直に言って当時、政府が辺野古移設を推進することに、何の問題も起こっていなかった」

現在の沖縄のように、国政、県政選挙で「辺野古の是非」をワンイシューで問うという雰囲気が、かつては存在しなかった。これは当事者の証言としても貴重である。

言い方を変えれば、本来この問題は、沖縄の選挙で何年もワンイシューで問い続けなければならないような性質のものではない。

「オール沖縄」県政が辺野古移設反対を「県政運営の柱」(翁長知事の県政運営演説)に掲げたことの妥当性も改めて問われる。「辺野古移設の是非」が沖縄最大の課題にまでのし上がったのは結局「オール沖縄」の党利党略ではないか。メディアもそれに手を貸したのではないか、ということである。

「最低でも県外」発言の大罪

よく知られているように「オール沖縄」誕生のきっかけを作ったのは鳩山由紀夫だ。

「最低でも県外の方向に、積極的に行動を起こさなければいけない」

2009年の衆院選。民主党公認候補だった玉城デニーを激励しようと、民主党代表の鳩山が沖縄市民会館を訪れた。普天間飛行場の県内移設中止を示唆した演説は、のちに大きな波紋を起こす。この衆院選で、沖縄の4つの選挙区をすべて野党候補が取った。全国でも民主党が政権を奪取し、鳩山内閣が発足。移設先は「最低でも県外」の気運が県民の間で一気に高まった。

翌年の知事選で仲井真は当初、なおも辺野古移設を容認する姿勢だった。那覇市長だった選対本部長の翁長は「容認では勝てない」と渋る仲井真を説得し、公約に「普天間飛行場の県外移設」を入れさせた。仲井真が態度を変えたことで、保守側の政治家も雪崩を打つように県外移設要求に舵を切った。

しかし民主党政権は普天間飛行場の新たな移設先選定で迷走。鳩山首相は2010年5月、「学べば学ぶほど(海兵隊の各部隊が)連携し抑止力を維持していることが分かった」と述べ、辺野古移設容認に転換。翌月には首相を辞任した。

2012年の衆院選で安倍内閣が成立し、政権は辺野古移設推進の自民党に戻る。2013年11月、石破茂幹事長と共に記者会見した沖縄の国会議員5人は再び辺野古移設を容認する方針を発表し、沖縄メディアは「平成の琉球処分」と猛反発した。

翁長は2013年1月、普天間飛行場の県内移設断念や米軍輸送機オスプレイの県内配備撤回を求める全41市町村連名の「建白書」を取りまとめ、安倍政権に提出する。保革を辺野古反対で取りまとめる翁長のリーダーシップが際立ち「オール沖縄」の胎動が始まった。

翌年に知事選を控える仲井真は2013年12月、政府が提出した辺野古沿岸の埋め立て申請を承認。しかし県内移設に反対する県民の猛烈な反発に遭う。

満を持して知事選に出馬した翁長は仲井真に約10万票差をつけて圧勝。「オール沖縄幕府」〝初代将軍〟の座に就いたのである。

島尻は困惑を隠さない。鳩山らが中心になって1996年結成された旧民主党に、島尻も入党した。1997年からは民主党沖縄代表を務めており、鳩山とはその時からの付き合いだ。

「鳩山さんが最低でも県外、と言った理由は、政権を取りたいということでしょ。『オール沖縄』だって、翁長さんの知事になりたいという思いからできた。そんなのは、いずれ崩壊する」

島尻は苦々しく語る。

集票マシーンとしての「オール沖縄」

「オール沖縄」はなぜ生まれたか。その問いに明確な答えを出す時が来た。翁長の政策転換を「変節」と解釈する私の立場では「オール沖縄」をつくることによって、翁長はシンプルに県政を掌握したかったのだ、と見る。「オール沖縄」が稀に見る強力な「集票マシーン」になることが明らかになったからだ。

再び、島尻が関わった選挙から理由を説明しよう。

島尻は「オール沖縄」誕生の約10年前、2003年衆院選で民主党から沖縄1区に出馬している。当時45歳である。

選挙結果を見ると、当選者は公明党の白保台一で5万8千票余、次点は自民党でありながら自公選挙協力に反発し、無所属で出馬した下地幹郎で5万2千票余。島尻は3位で2万7千票余となった。

面白いのは、最下位の4位が共産党の赤嶺政賢であることだ。島尻より約8千票少ない1万9千票余しか取れていない。

赤嶺は何とか比例で復活当選したものの、島尻は「赤嶺さんの支持者は『島尻にも負けたのか』と悔しがったと聞いている」と愉快そうに振り返る。

これの何が面白いかというと、最近の衆院選で、常に沖縄1区を制しているのが赤嶺なのである。かつての最下位が当選者に躍進したのだ。この間、赤嶺は所属政党が変わったわけではなく、同じ共産党公認のままだ。変わったのは「オール沖縄」が誕生したことだけだった。

赤嶺は衆院選で9回当選しているが、2012年の5期目の当選までは一度も小選挙区で勝利したことはなく、すべて比例での当選だった。

しかし「オール沖縄」が誕生した2014年、そして2017年、2021年、2024年と4回連続して小選挙区での当選を果たしている。2003年には島尻も下回って最下位だった得票数は、2021年には約4万2千票もアップして6万1千票余りに膨らんだ。2024年は4万9千票余りにダウンしたが、それでも勝ち抜き、全国唯一となる共産党の「宝の議席」(田村智子委員長)を守った。

このあたりの経緯は、小選挙区で「オール沖縄」と戦い続けた下地がメールマガジンで赤裸々に語っている。

「赤嶺氏とはこれまで6回戦っていますが(中略)『共産』赤嶺氏は3万票を超えたことがないにも関わらず『オール沖縄』赤嶺氏となると6万票になるというのは、本当に異様な現象であります」

これは沖縄で共産党の支持者が激増したというわけではない。多くの無党派層と一部の保守層が赤嶺に流れた結果である。

通常の選挙なら、これらの有権者が共産党の候補に投票する可能性はほとんどない。赤嶺の看板が共産党オンリーから、共産党プラス「オール沖縄」に付け替わったとたん、多くの有権者が「幻惑」されたと見るほかない。

では「共産党」から「オール沖縄」への看板の付け替えはどのように行われたのか。その手法は辺野古移設の争点化である。

「オール沖縄」誕生前だった2003年衆院選で、赤嶺が琉球新報に掲載したメインの公約は「憲法改悪阻止」だった。とりわけ9条の堅持を重視していた。

しかし2014年衆院選では「オール沖縄」の候補者として、辺野古移設反対を前面に押し出す。「国政では辺野古の無法な工事を徹底して追及する」などと語るようになる。

「オール沖縄」最盛期の選挙を取材した私が覚えているのは、衆院選だろうと参院選だろうと県議選だろうと、沖縄の何区だろうと、最大の争点は常に「辺野古移設の是非」とされ、それ以外、経済振興や福祉といった分野の政策論争がまともに成立しなかったことだ。

具体的で夢のある公約を掲げて戦った候補者が「辺野古移設反対」以外には政策らしい政策がないように見える候補者に大差で負ける姿を何度も見た。

言い方は悪いが、私は「『辺野古反対』と言えば猫も杓子も通るのが今の沖縄だ」と思った。その時に「オール沖縄」とは、よくできた集票マシーンにほかならないと気づいたのである。

県民の危機感かきたてた沖縄メディアの支配力

そこで大きな役割を果たしたのは沖縄メディアだ。国が「辺野古新基地」を建設して沖縄の平和を脅かそうとしている、と訴え、県民の危機感をかき立てた。あらゆる選挙を辺野古移設問題のワンイシューにしてしまうメディアの威力は大きかった。

衆院選で全国の小選挙区を見ると、共産、社民の候補が当選しているのは沖縄1区と2区だけだ。

では沖縄の政治風土がリベラルなのかと言うと、実は全く違う。国政選挙で比例の投票結果を見ると、自民、公明、維新などといった保守中道勢力の得票がだいたい5割前後になっているからだ。過去の知事選を見ても、沖縄はむしろ保守地盤と言っていい。

つまり有権者は本来、沖縄代表として保守中道の国会議員を望んでいるが、小選挙区では、なぜか共産党、社民党の候補が当選し、一気に「左」に振れる。

これは2014年以降、共産党や社民党の候補が「オール沖縄」に看板を付け替えたことが要因だ。元自民党の翁長を創設者とする「オール沖縄」は、表向き「保守、革新リベラルの共同体」という体裁であり、有権者に穏健な中道勢力という印象を与えている。

有権者は「自衛隊や日米安保を容認する保守中道」の翁長に投票するつもりで「オール沖縄」に投票する。そして「オール沖縄」に投票するつもりで「共産・社民」に投票していると見ることができる。

つまり「オール沖縄」に投票した県民は、翁長、玉城が知事であるゆえに一定数が「自分が投票したのは保守中道の県政だ。革新県政ではない」と思い込んでいるはずだ。

だが辺野古移設問題を巡り、よく言われる「国対沖縄」という構図の実態は「共産・社民県政」が「自公政権」と繰り広げている政争だ。私が「オール沖縄」県政が進める辺野古移設反対の政策を「イデオロギー闘争」と断言するのは、そうした理由による。

「国が沖縄の美しい海を埋め立てて軍事基地建設を強行しようとしており、平和を希求する県民が懸命に抵抗している」という一般に流布するイメージで辺野古移設問題を語ると、本質を見失う。強力な集票マシーン「オール沖縄」が沖縄の政治をいかに席巻していったか。主要選挙を振り返ってみよう。

2014年の知事選で翁長が初当選。18年知事選でも後継者の玉城が勝利し、22年には再選を果たす。翁長県政下の16年、玉城県政下の20年に行われた県議選では与党が過半数を確保し、県政運営を盤石化する。

14年衆院選では4つの選挙区すべてを「オール沖縄」候補が制覇した。16年参院選では「オール沖縄」の元宜野湾市長・伊波洋一が、選挙直前、安倍政権によって沖縄担当相に抜擢《ばってき》されていた島尻安伊子を破って初当選。これで沖縄選出の国会議員は衆参ともすべて「オール沖縄」となり、辺野古移設の反対運動は全盛期を迎えた。

17年衆院選では自民党が沖縄4区を奪還し「オール沖縄」は3勝1敗となった。基地のない宮古、八重山を抱える沖縄4区では、辺野古移設問題が直接的な争点になりにくいことが原因とされた。19年参院選は「オール沖縄」候補が制した。玉城が知事選に出馬したことに伴って行われた同年の衆院補選では「オール沖縄」から出馬したフリージャーナリストの屋良朝博が島尻安伊子を破り、辺野古移設に反対する世論の堅調ぶりを示す。

だが「オール沖縄」の攻勢には、この頃をピークにストップがかかる。21年衆院選では3区で島尻安伊子が屋良を破って雪辱を果たし、自民党の議席が回復した。

屋良は「コロナ禍で地域経済が落ち込む中、辺野古の問題一つを取り上げて訴えることは難しかった」と述べ、辺野古の争点化に失敗したことが敗因だと認めた。4区も自民党が議席を維持した。


石破茂政権で自公が過半数を割った2024年衆院選も、1～4区で同じ結果になり、沖縄では現在、1、2区は「オール沖縄」、3、4区は自民党という拮抗《きっこう》した状況になっている。自公への大逆風にもかかわらず、現有勢力を維持したことを考えると、同年の衆院選で、沖縄では全国とは逆に事実上自公が勝利したと言える。このように沖縄では「辺野古」が最大の争点になるか、ならないかで選挙結果が変わる。

逆に考えると「オール沖縄」にとっては、辺野古移設を徹底的に妨害し、この問題を延々と引っ張り続けることが政治的利益になる。安倍政権が強引との批判を受けながらも移設を前に進めたのは、こうしたからくりに気づき始めたからではないか。

コロナ禍直撃で弱体化

皮肉なことに、2020年に始まり、観光立県の沖縄を苦しめた新型コロナウイルス禍が「オール沖縄」を突き崩すきっかけとなった。観光業が壊滅的な打撃を受けたことで、選挙の候補者はコロナ対策を中心に訴えざるを得ず、辺野古は最大争点でなくなったのだ。そうなると俄然《がぜん》、「オール沖縄」の神通力は落ちる。

この光景は、沖縄県民にとって「デジャブ」である。1990年代、革新系の大田昌秀知事は基地問題を全国にアピールし、普天間飛行場返還を巡って橋本龍太郎政権と渡り合って圧倒的な人気を得た。だが沖縄が不況に陥ると支持が急降下し、次の知事選で保守系の稲嶺恵一に敗れた。

あるベテランの自民党議員は「経済が悪くなると、県民の支持は必ずわれわれに戻ってくる」と私に耳打ちした。

念のために言うと、景気が悪化したからと言って反基地の有権者が考えを改め、こぞって政権与党に投票するようになったわけではない。「オール沖縄」への支持はそれなりに底堅いのだが、それ以上に、自民党など保守系候補の得票数が増えた。

これまで漫然と「オール沖縄」勢力の台頭に手を貸してきた有権者が「これではいけない」と危機感を抱き始めたのだ。

県内11市のうち9市では「オール沖縄」県政に批判的な市長が誕生し、新たに「チーム沖縄」を結成した。

普天間飛行場の地元である宜野湾市の佐喜真淳市長は、辺野古移設容認を明言している。

移設先である名護市の渡具知武豊市長は移設の是非を語らないが、移設に伴う米軍再編交付金を受けて給食費無償化などを進めている。辺野古移設で当事者の自治体である宜野湾市と名護市は現在、そろって移設容認と見ていい。

名護市内でも、移設先周辺の久辺3区（辺野古、豊原、久志）は振興策を条件に移設を受け入れている。「辺野古移設反対は県民の総意」という「オール沖縄」の論理は、かなりきわどい状況になってきた。

「オール沖縄」は組織面の弱体化も目立ってきた。ホテル大手の「かりゆしグループ」と建設業やスーパー経営を手掛ける「金秀グループ」が相次いで離脱。「オール沖縄」の革新色が強くなりすぎたことが理由とされた。

「オール沖縄」が2021年の衆院選で4選挙区に擁立したのは共産党、社民党、立憲民主党の公認候補である。これはもはや本土の「野党共闘」と異ならない。保守と革新の糾合体という建前の「オール沖縄」という名称そのものが、僭称《せんしょう》になってしまったのである。

れいわ新選組は2024年の衆院選で「オール沖縄」勢力の統一候補がいる沖縄4区に新人を擁立した。4区では辺野古移設に反対する政党の野党共闘さえ成立しなくなり「オール沖縄」の枠組みが初めて崩壊。れいわの山本太郎代表は豊見城市での遊説で「オール沖縄」勢力について「選挙互助会に落ちぶれた」「歴史的役割を終えた」と痛烈に批判した。「オール沖縄」候補は落選したが、れいわの新人は比例で復活当選した。

れいわは沖縄の比例で、野党では立憲民主党に次ぎ、社民党、共産党を上回る得票となり、非「オール沖縄」の反基地勢力として存在感を増している。れいわの興隆は「オール沖縄」消滅の予兆に見える。

「沖縄人であり日本人」の誇り

島尻は人生で何度か、人前もはばからず泣いたことがある。私は学生の頃、テレビの画面を通じて、たまたまその目撃者になった。選挙で敗れた彼は、自然発生的に起こった支持者の「ノボル」コールで目頭を熱くし、涙がこぼれないように天を仰いでいた。

そんな涙もろい島尻のエピソードを本人が語る。

「30代の頃……まだ沖縄で選挙に立候補する前だった。80年代の終わりくらいかな。当時は横須賀で生活していて、仕事で東京に行っていた」

横須賀の道を歩いていると、前に小学生くらいの女の子たちがいた。話し声が耳に入った。

「私、今度の夏休みに家族で沖縄に遊びに行くんだ。楽しみ」

「へぇー、いいなー。私、沖縄に生まれたかったなー」

島尻は一瞬、足が止まった。本土の人が今、口にした言葉が信じられなかったのだ。

振り返れば自分の人生は「ウチナーンチュ（沖縄人）はどんなに頑張ってもヤマトゥンチュ（本土人）に勝てない」と口にする大人たちへの反発が原点だった。本土から差別され、劣等感に苛まれ続けてきた沖縄県民を救いたいという決意から政治家を志した。

しかし日本復帰から十数年を経て、逆に沖縄は、本土から憧れの眼差しを向けられるようになっていた。日本のどこにもない豊かな自然と文化に恵まれ、万人に癒しを提供する南国リゾート地に変貌したのだ。

女の子たちはとっくの昔に通り過ぎてしまったが、島尻は歩きながら涙を流し続けた。

復帰が間違いではなく、沖縄が日本という土壌を得て、その魅力を最大限に開花させつつあること、そして「沖縄人か日本人か」の選択を迫られるのではなく「沖縄人であり日本人」であることの誇り――。明確にではなかったにせよ、若い島尻の脳裏には、そうした思いが去来したに違いない。

島尻が1993年の国政初挑戦で敗れ、事務所で後片付けをしていた時、電話が鳴った。相手は琉球大学の学生と名乗り、話している相手が誰かも聞かず、涙声で「島尻さんは東京へ帰っちゃうんですか」と聞いた。

島尻には今後の計画は何もなかったが、泣きながら電話をかけてきた学生と話すうち、とっさに決意が固まった。「今、君の話を聞いて決めた。沖縄に残るよ。これからも沖縄のために頑張る」

「僕が島尻昇本人だ」と名乗った。

島尻には中央政界で大物議員の秘書になる話なども持ち込まれたが、すべて断ったという。30年後の現在も、電話で話した大学生の声が忘れられず、沖縄を去る自分の姿は想像もできない。「沖縄」は彼の人生の呪縛のようなものだったのかも知れない。

衆院選で落選した後も民主党沖縄代表を務めていた島尻は、1998年、知人の要請で地元にある日本語学校の経営を引き受ける。全く未経験の分野だった。

島尻によると当時、学校は「数十億円」の負債を抱えて倒産寸前の状態。授業もストップしていた。職員で現校長の宮里育江は、島尻が経営者になると聞き、政治家が学校を整理するために派遣されたのだと解釈した。

だが、わずか40歳の島尻は職員たちを前に「大丈夫ですよ。私が来たからには安心してください」と自信ありげな態度を見せた。宮里は「逆に違和感があった。何を今さら。どんなに経営が厳しいか分かっているのかって」と振り返る。

島尻への見方が変わったのは、彼が授業を受けられず困っている外国人学生たちと対話し、親身に相談に乗っている姿を見たからだった。島尻は「自分もアメリカに留学したことがある。外国人学生たちには、日本・沖縄に嫌な印象を持ったまま国に帰ってほしくない」と言った。

外国人学生たちを助けたいという思いが島尻と一致した宮里は「この人なら嘘をつかず、誰に対してもまっすぐ向き合ってくれる」と確信。共に協力して学校の再建を目指す。傘下に4校あった日本語学校を1校に整理し、2001年、校名を現在の「JSL日本アカデミー」に改称した。

島尻は2004年には運営母体である株式会社JSLインターナショナルを設立して代表取締役に就任、翌2005年には浦添市で自社ビルを取得した。現在、沖縄だけでなく東京にも姉妹校を設立している。JSLは米国のESLの日本版である(Japanese as a Second Language)。

中国人学生との軋轢

島尻が日本語学校の経営を引き継いだばかりの頃、学生は約130人おり、ほぼ全員が中国人だった。

「今みたいに発展した中国じゃない。経済的に余裕があれば米国やカナダを目指すから、沖縄に集まるのはお金がない学生だけ。日本で金を稼いで、帰国して家を造るのが夢というのがほとんどだった」

初めて日本語教育の現場に足を踏み入れた島尻は、中国人学生のマナーの悪さに愕然《がくぜん》とさせられた。

「宿題もしてこないし、出席率も悪い。ある日、女性教師が泣きながら理事長室に来て『中国人が怖いです。教壇に立てません』と言うんだ」

女性教師は、寝ている中国人学生に「起きて勉強しなさい」と注意したという。すると中国人学生は「うるさい。黙れ」と逆切れした。

「中国人は強い者には弱いが、弱い者には強い。彼らは『学生たちを見ろ、みんな中国人だ。俺たちのお陰で学校が成り立ってるんだ』と騒ぎ始めた。『俺たちは客だぞ。宿題しろ、廊下で唾を吐くなとか指図するな』。そんな態度だった」

まだ40歳の島尻は、女性教師の涙を見て頭に血が上った。理事長室を出て教室にすっ飛んでいくと、勝ち誇ったような表情の中国人学生たちを怒鳴りつけた。

「お前ら、何言ってるんだ。みんな国に帰れ。今すぐ荷物をまとめろ」

中国人学生たちは島尻の剣幕にひるみ「すいません。これからはちゃんとやります」と謝った。

「最初は『何を言われても許さん』と思ったけど、時間が経つと冷静になる。この中国人学生たちを追い返すと、確かにどうやって経営するんだろう、って思い始めた。仕方なく『今回だけは許す』と言った」

だが、島尻の怒りは収まらなかった。中国人学生たちに、なおも語気鋭く詰め寄った。

「俺たちは客だ、って言ったよな。この学校は中国人で成り立ってるって言ったよな。じゃあ、JSLは中国人が一人もいなくても成り立つ日本語学校になってやるよ」

島尻の言葉を聞き、中国人学生たちは、うつむきながらクスクス笑っていたという。当時、全国にある他の日本語学校も、学生はほとんどが中国人だった。中国人がいない日本語学校など、彼らには想像もできなかったのだろう。

だが、島尻は断固、有言実行した。この事件があった直後、学生募集業務のため中国福建省に設置していた事務所を閉鎖。学生募集業務は東南アジアにシフトした。

「中国人学生が一人もいなくても経営できる、というのを証明したかった。中国人を差別しているわけじゃない。受け入れないとも言っていない。ただ、うちで勉強したいならきちんとルールを守ると確約しなきゃならない」

島尻が求めるルールは単純だ。ちゃんと勉強する。時間を守る。交通ルールを守る。挨拶をする。特に上下関係はしっかり守る。日本語学校に通いながら日本の専門学校、大学を目指す学生がほとんどなので、一定以上の学力は必要になる。だから「勉強の指導はとても厳しい」という。それだけではなく「生活指導を厳しくして、彼らが卒業したあとも日本人社会に受け入れてもらい、かわいがってもらえる人材に育ってほしい」と強調する。

だが、島尻はただ厳しいだけではない。

学生が事故に遭ったり、トラブルに巻き込まれたという報告を受けると、職員が24時間365日、ただちに対処に向かうという。学生には「日本を第二の故郷と思ってほしいから、家族のように接する」と島尻は説明する。

ミャンマーで受けた感動

島尻は最後の国政挑戦となった2005年の衆院選で、琉球新報の候補者座談会に出席し、戦没者をまつる靖国神社に首相が参拝することに対し「国益を大きく損ねるので控えるべきだ」と反対した。中国、韓国の反発に配慮したのだ。

沖縄の平和教育では、沖縄戦で県民が米軍だけでなく、旧日本軍からも虐待を受けたことが強調される。決まり文句は「軍隊は住民を守らない」である。島尻もまた、幼いころからそうした平和教育にどっぷり浸かってきた。

だが、そういう見方が海外で一変した。

「日本軍はビルマを守ってくれました」

学生募集で訪れたミャンマー(旧ビルマ)のヤンゴン(旧ラングーン)。元ミャンマー国連大使のウ・ティントンという老人が、第二次大戦中の思い出を語り始めたのだ。

彼は京都大に留学している時、日本軍に占領されたビルマで軍事大臣の日本語通訳として働いていた。

日本軍は1942年にラングーンを占領したが、戦況は悪化し、1945年には連合軍がラングーンに迫る。この状況を見たビルマの閣僚が東京の大本営に行き「お願いだからラングーンを守らないで下さい。あそこで戦うと由緒ある寺院が破壊され、ビルマ人は生きる望みをなくしてしまう」と談判した。

1945年4月、ビルマの日本軍はラングーンで戦うことなく撤退。連合軍は日本軍が去った後にラングーンを占領した。通訳としてビルマの閣僚に同行したというウ・ティントンは「日本軍がビルマを助けてくれたことは、誰が何と言おうと間違いない。私が生き証人です」と繰り返した。

島尻は、この話を聞いて感動した。

「体が震えた。今まで聞いていた歴史とは全然違うから。日本は大東亜戦争でアジアに迷惑をかけ、酷いことをしたとしか聞いていない。今まで聞いた話は何だったのか、と思った」

首相の靖国参拝には今でも反対なのか、島尻に聞いた。島尻は「考えが変わった。今はむしろ堂々と参拝してほしい」と答えた。

県民に多大な犠牲を出した旧日本軍の戦いを免罪する気はない。ただ当時、軍人や住民たちが「日本と沖縄を守りたい」という思いで精一杯の努力を尽くした歴史も忘れるべきではない。ミャンマーで聞いた話は、旧日本軍の「知られざる一面」を示しているのではないか。

ミャンマーでは、同様に日本への留学経験を持つウ・ミューウェイという経済人と会った。長期不況に苦しむ日本の存在感が、すっかりアジアで薄くなっていることを指摘した彼は「島尻さん、早く日本を元のように強い国にしてください」と哀願するように言った。

「俺に言われても困ります」

「アジアは中国じゃあ、まとまりませんよ。アジアをまとめるのは、日本じゃないとだめなんです」

島尻は、ミャンマー人の日本に対する期待の高さ、中国に対する警戒感の強さに驚いた。

「オール沖縄」は日本という国家に対し、むしろ軽蔑の念を込めて臨んだ。翁長知事はかつて国連人権理事会で「自国民の自由、平等、人権、民主主義、そういったものを守れない国が、どうして世界の国々とその価値観を共有できるでしょうか」と日本政府を非難した。

だが、それほど酷い国の「日本」が、アジアからリーダーとして渇望されるだろうか。

ウ・ミューウェイは、島尻をヤンゴンのレストランに誘った。大人気でほとんど予約が取れないという。スタッフは客が来ると素早くお手拭きを渡すなど、てきぱきと接客している。

「接客はどうですか」

「スピーディでいいですね。ミャンマーでは珍しい」

「実は、ここの店長は、日本の居酒屋で10年働いた。それから日本式のシステムをヤンゴンに持ってきたんです。今、ヤンゴンで一番人気の店なんです」。ミューウェイは得意げに紹介した。

島尻は日本の「おもてなしの精神」が、これほど外国で讃嘆されているとは知らなかった。沖縄から世界へ、もっと日本の精神を普及させたい。留学生たちへの教育に新たな情熱が沸いた。

アジア各国を回り、島尻の日本に対する見方は深化した。ひいては日本の中で沖縄が果たすべき役割への考えも深化した。政治家を続けていたら、こんな機会は訪れなかっただろう、と話す。

「世界の日本に対する期待は大きいですよ。日本のＧＤＰ（国内総生産）は順位が下がり、円安も進んで、みんな『将来が大変だ』と言う。だけどＧＤＰに一喜一憂せず、冷静に日本のいいところ、悪いところを分けて見ればいい」

少子高齢化や新興諸国の追い上げで、相対的に日本の国力が低下していることは否定できない。だが日本には高い道徳性やサービス精神というソフトパワーという強力なパワーが残っている。だからこそ、台頭する中国を警戒するアジア諸国から「世界のリーダー」としての日本復活を待望する声が上がる。

自信を失いつつある日本人だが、豊かさの指標はＧＤＰだけではないし、日本は今でも世界に誇れる平和で安全な国だ。自虐的な歴史の見直しも含めて自国のありようを再点検し、再び世界の先頭に立つために何ができるのか考えるべきだ。島尻はそう訴えたい。

日本と沖縄は「不二一体」

私は「オール沖縄」とは単に辺野古移設に反対する集合体ではなく、一つの思想的潮流だと捉える。抑止力の否定、米軍と自衛隊の基地撤去、そして翁長が常々語っていた、沖縄の「平和の緩衝地帯化」を経て、最終的な方向性は「日本と沖縄の分断」にある、と見る。

「オール沖縄」思想と対峙《たいじ》する中で、私がたどり着いた沖縄の将来像を述べておきたい。

他の都道府県に対して沖縄が持つ最大のアドバンテージは、かつて首里城に掲げられていた鐘の銘文「万国津梁」（世界の架け橋）という言葉に象徴される。世界の主要都市と往来可能な位置にあり、特にアジア各国との交流に適した日本の玄関口だ。単なるリゾート地にとどまらず、世界各地の人材が集う国際交流拠点として成長が望める。

人口減少社会の今、外国人も含めた多様で多才な人材を吸収することが国益にもなる。沖縄は日本復活のために欠かせない役割を担う。「世界から期待される日本」、そして「日本の中の沖縄」であるからこそ、沖縄は世界から注目される。

米軍基地は負担軽減のため可能な限りの整理縮小を進めるべきだが、一方で基地は「最も近い米国」でもある。現にある基地に関しては、英語教育や基地内進学などを通じ、人材育成に活用可能という発想も必要だ。

そして言うまでもなく、沖縄は日本の安全保障にとって宿命的な要衝だ。なぜ「宿命的」かと言うと、かつて第二次大戦で沖縄の帰趨《きすう》が日本の運命を決したように、80年後の現在でも、沖縄の安全イコール本土の安全という方程式は変わらないからだ。

国や地域も人間の人生と同様、それぞれの宿命を背負う。しかもその宿命を自己実現のツールに転換していく。そこに人間、国、地域の偉大さがある。

「オール沖縄」思想のように、本土から分離して沖縄だけが平和になることなど有り得ない。あらゆる意味で沖縄と本土は不二一体なのである。

私は島尻に「オール沖縄」は将来どうなると思うか聞いた。

「なくなると思いますよ」

島尻は即答した。

「沖縄が良くなるには、イデオロギーで不毛な対立をしている場合ではない。政府と協調しながら振興策を進めて県益を確保し、安全保障面では日本の47都道府県の一つとして義務を果たすべき。『感謝』『報恩』そして『調和』『協調』の気持ちを持てば、誇れる沖縄になれる」

「感謝」と「報恩」そして「調和」「協調」の精神、闘う「草莽の志士」

私は2023年、八重山日報の記者として島尻のラジオ番組に出演したことをきっかけに、彼と親交を深めた。そこへ2024年8月、それまで14年間八重山日報を率いた宮良薫社長から株主総会で「社長を退任し、適当な人物がいれば事業も譲渡したい」との表明があった。八重山日報は事業規模が小さく、大きな利益が見込める企業ではない。総会では、早期に事業の引き受け手が決まらない場合、近い将来の廃刊も選択肢に入れることが決まった。

私が島尻に八重山日報の今後について相談したところ、彼は驚いた様子だったが「貴重な言論の場をなくすわけにはいかない」と「国境の島の新聞社」の危機を真剣に受け止めた。直ちに宮良社長と協議し、八重山日報を存続させるため、自ら経営に乗り出す意向を固めた。

島尻は同年10月までに八重山日報の全株を取得して社主（オーナー）に就任、八重山日報の新社長はＪＳＬの宮里校長が兼任することになった。

島尻は、その人生でメディア関係の事業に関わったことは一度もない。たまたま私と知り合ったことが縁になったが「いつの間にこうなったのかと思うことがある。『なりゆき』君と『はずみ』ちゃんが結婚して子どもができたようなものだ」と首をかしげた。

だが図らずも言論という土俵に立ち、その人生の行程を通じ、ずっと疑問に感じてきた「オール沖縄」的な考えと真正面から向き合うことになった。その役割はいわば天から降ってきた「天意」だが、これも一つの宿命だったのかも知れない。

社主就任にあたり、島尻は自ら筆を振るい、社是を制定した。

「八重山日報は『感謝』『報恩』そして『調和』『協調』の精神で事実に基づく偏りのない報道を使命感を持って行って参ります」

最澄・伝教大師の言葉「守一隅照千里」（一隅を守り、千里を照らす）という言葉も掲げた。今いる場所で与えられた役割を果たして灯火をしっかりと守り、広げていくことが、沖縄・日本、そして世界を動かす力になるという抱負を込めた。

島尻が理想とする「感謝」「報恩」さらには「調和」「協調」の沖縄という考えは「オール沖縄」的な考えとは全く対極にある。私はそこに興味を持つ。

沖縄にこだわり続けた島尻は、その後半生で本人としてのアイデンティティを再発見し、沖縄人としての誇りに目覚めたのかも知れない。

「オール沖縄」の「イデオロギーよりアイデンティティ」というスローガンに、沖縄人は強烈に惹きつけられた。島尻も、その言葉に対しては何の異論もない。彼もまた、沖縄人としてのアイデンティティを何より大切にしてきたからだ。

だが「イデオロギーよりアイデンティティ」「オール沖縄」という叫びが翁長から出るのと、島尻から出るのとでは、その響きは何と違って聞こえることだろう。

島尻のような非「オール沖縄」的な主張は、沖縄では完全な非主流派である。主要な新聞やテレビは「沖縄県民は平和を愛し、基地に反対している」というステレオタイプなイメージの発信しか関心がない。

県民ですら、沖縄の将来について島尻のような意見を聞く機会は少ない。本土の人たちはなおさら「島尻さんのような考えの人が沖縄にもいるのか」と驚くかも知れない。

私が言いたいことはシンプルだ。沖縄にも、さまざまな意見がある。「オール沖縄」思想と闘う人たちは、ことによるとサイレント・マジョリティ(声なき多数派)なのかも知れない。

とはいえ「オール沖縄」が現在まで10年にわたって県政に君臨する一方、その20年前に、島尻は理想の沖縄を訴えながら国政選挙で全敗した。現在の沖縄で、勝者が「オール沖縄」であることは疑いない。

だが、島尻は坂本龍馬が好きだ。龍馬は倒幕の道半ばで倒れ、多くの志士たちは今も無名のまま「草莽《そうもう》」と呼ばれる。

一方、明治維新の時流に乗れた志士たちは、新政府で次々と顕官に出世した。島尻が関わった細川、鳩山は首相になり、翁長は知事になった。妻の安伊子も大臣になった。だが、今の島尻は「繋ぐ最後の捨て石でいいんだ」と言い切る。

最近、沖縄のある選挙で「オール沖縄」の候補者に対する島尻の対抗心に火がついた。島尻は20年ぶりに選挙への立候補を考え、必要な書類を本気で作り始めた。しかし安伊子から必死で止められ、断念せざるを得なくなったという。

「『あなたが負けるのを、もう見たくない』って言うんだよ」と島尻は苦笑する。

今、島尻のフィールドは政治ではなく教育だ。沖縄と本土を別個の「点」と見るのではなく、沖縄―本土―世界へとつながる「線」の視点から、国際交流や人材育成を進めていく。

「島尻さんは『オール沖縄幕府』と闘う『草莽の志士』なのかも知れないですね」と私が問うと、島尻はすかさず「まだ生きて闘っている志士ね」と念を押し、笑顔を見せた。

エピローグ

民意が離れた「反基地」権力の落日

２０２４年6月16日。この日は沖縄県民が「オール沖縄」県政に鉄槌を下した日として記憶されるかも知れない。

沖縄県議選の投開票が行われ、玉城を支持する与党は48議席中、過半数を大きく割り込む20議席と惨敗した。野党の自民党はタッグを組む中立の公明党と共に公認候補全員の当選を果たし、躍進した。

県議会で自民党を中心とする勢力が多数を確保するのは16年ぶり。２０１４年12月に始まった「オール沖縄」県政下で、県議会の与党が少数勢力に転落するのは初めてだ。

「オール沖縄」はこれまで、辺野古移設問題を最大争点化することで支持を広げ、国政、県政選挙で勝利してきた。だが近年、県内各市の市長選、沖縄に4区ある衆院選で候補者が次々と敗北。退潮傾向が見え始めていた。

２０２２年の知事選で玉城が再選され、県政の主導権は確保したが、ここへ来て大きなストップがかかった。

県議選では辺野古移設の是非ではなく、物価高騰対策や給食費無償化など、県民の暮らしをどう向上させるかが主なテーマになった。

辺野古移設問題では２０２３年、地盤改良工事の設計変更承認を巡る最高裁判決で県の敗訴が確定。移設阻止を目指す玉城の手詰まり感は鮮明だ。

政府が移設工事を着々と進展させる中、有権者の間では辺野古移設問題への取り組みより経済対策を望む雰囲気が強まっている。

近年の主要選挙では、辺野古移設の是非は主要争点から徐々に後退している。辺野古の争点化で無党派層や保守層の支持を伸ばすという「オール沖縄」の常套《じょうとう》手段は通用しなくなりつつあった。

玉城は県議選直前、知事選公約だった給食費無償化に向け、中学生の無償化にかかる費用を条件付きで県が半額負担する案を唐突に発表。市長会の反発を招いただけでなく、選挙目当ての人気取りとの批判を受けた。これを受け無償化に向けた政策を修正したが、こうした混乱も県民の生活支援で県政が後手に回っている印象を与え、敗因の一つになったと言われている。

選挙戦術的に最大の敗因と指摘されるのは、与党候補が乱立し、票を食い合って共倒れしたこと

2024年6月の沖縄県議選で躍進した自民党。県連に設けられた開票センターでは当確者の名前に県連の島袋大幹事長(左、当時)らがリボンをつけた

だ。かつての「オール沖縄」であれば翁長のように政治力を持つ調整役がおり、各選挙区で巧みに票を配分して候補者を勝利に導いた。だが、玉城にはそのような力量はないと言われている。

一方、自民党を中心とする野党勢力は政権と連携し、県民生活支援を主要テーマに掲げて浸透を図った。

この頃、自民党のいわゆる「裏金」が全国的な問題となり、沖縄でも自民党への逆風が予想されていた。しかし県民の間では、裏金問題の反発より「オール沖縄」県政への不満がはるかに強かったわけだ。

ある意味当然と言える。辺野古移設工事は着実に進んでおり、玉城は「新基地建設反対」の公約を全く果たせていない。食費、光熱水費、交通費などあらゆる物価が上がり、県民生活は苦しくなる一方だが、県は国と泥沼の対立を続けるばかりで、法廷闘争を挑んでは敗れている。

沖縄を取り巻く安全保障環境は深刻化の一途をたどっているのに「オール沖縄」の政治家たちは「米軍基地反対」「自衛隊増強反対」と繰り返すだけで、沖縄の平和を脅かす中国への抗議すらしない。これまで10年間「オール沖縄」県政を信じてきた有権者も「何かおかしい」と気づきつつあるはずだ。

玉城県政は今後、与野党で意見が対立する重要政策を県議会で通せなくなる。レームダック(死に体)化する可能性が濃厚だ。知事選を2026年に控え「オール沖縄」の「終わりの始まり」である。

県議選の結果を論じた2024年6月18日付沖縄タイムスの社説は興味深かった。これまでとは明らかに違うトーンだったのだ。

「翁長氏が亡くなった後、保守系議員や企業が離れ、オール沖縄は事実上革新系の集合体となった。岩盤支持層と保守・無党派層の二重構造だった基盤はもはや崩れている」

「かつてのオール沖縄時代の終焉《しゅうえん》を意味すると言わざるを得ない」

これまで強気一方で「新基地建設反対は民意」と訴えてきた沖縄メディアが、初めて正直に「敗北」を認めた。時代は確実に転回しつつある。

「オール沖縄」市長、県内11市でついにゼロ

玉城は県議選翌日の6月17日、県庁で報道陣の取材に応じた。いつものように多弁だったが、コ

ロナ禍後は外すことが多かったマスクを再び着用しており、顔がよく見えない。私は「こわばった表情を見られたくないのでは」と思った。

玉城は語った。

「辺野古反対の民意は弱まっていないと思う。それぞれの議員が選ばれたのは地域の事情や政策を訴えたことへの県民・有権者の判断。我々が与党の議席を減らしたから、民意が弱まったということはあり得ないと思う」

記者からは、今後の県政運営を尋ねる声が出た。

「当然、これからも県民福祉の向上、県政の振興発展、離島振興についても従来と変わることはない。今までも丁寧にやって来たつもりだが、議会の状況が変わったので、なお一層、真摯《しんし》に丁寧にやっていきたい」

強気の姿勢は崩していない。だが、私が耳をそばだてたのは、記者からこんな質問が飛んだ時だった。

「翁長知事がオール沖縄をつくってから10年目の今年、少数与党に転落した。歴史的な観点から見て、今回の敗北はどういう意味がある?」

玉城は早口でまくし立てた。

「私が判断するというより、多くの県民がそのような状況をどのように受け止めているか話を聞いていく必要があると思う。我々の一方的な判断ではなく、県民がどのような思いで、いわゆるオール沖縄に対しての期待を持っているかということは聞かせていただかないと、我々の勝手な想像だけでは、なかなか具体的に掴めないと思う」

玉城の答えはまだ続いたが、私は途中から彼が何を言っているのか分からなくなった。玉城自身も状況を完璧に把握できず、とにかく多弁になることで、何とか答えをはぐらかそうと躍起になっているように見えた。

県議選での「オール沖縄」の敗北は、沖縄の政治に10年ぶりの地殻変動が起きていることを示している。自民党沖縄県連顧問で、元県議の翁長政俊はこう見る。

「県政与党の中でも特に共産党は『オール沖縄』に看板を付け替えることで一人勝ちし、党勢拡張を図ってきた。だが与党の中でもひずみが起き、すみ分けが難しくなっていた。そして県議選では、その共産党が3議席減らした」

「オール沖縄」は今後、どうなるのか。翁長は予測する。

「県議選で共産党が議席を減らしたのは、候補者や支持者の高齢化が要因だろう。辺野古反対闘争にシンパシーを感じていた無党派層が離れたことが『オール沖縄』の退潮につながっていると思う」

翁長は「オール沖縄」を「一過性のムーブメントなので、緩やかに消滅に向かっていく」と一刀両断する。

「今回、野党が県議会で過半数を取ったことで、是々非々主義をもって玉城県政と対峙《たいじ》することが肝要。玉城県政は行政を使った政治パフォーマンスが過ぎるので、今後、野党が厳しくチェックすることが必要だ。辺野古を巡る新たな裁判の提起も容認しない。2026年の知事選に向け、玉城県政にボディブローのような打撃になる議会運営が予想される」

2025年に入ると、宮古島市長選で、県内で唯一「オール沖縄」系だった現職が落選し、保守系で元県職員の嘉数登が初当選。保守系前職の死去に伴って行われた沖縄市長選では、自民党の県議だった花城大輔が「オール沖縄」の県議だった対立候補を大差で破った。「オール沖縄」の市長は、この時点で、ついに沖縄県内の11市でゼロになった。

2月の浦添市長選では「オール沖縄」が内部でまとまらなかったため統一候補すら出せず、事実上、現職の松本哲治の信任投票となり、松本が4選された。「オール沖縄」は不戦敗の屈辱に甘んじた。

現在、県内の各種選挙で、革新勢力はあえて「オール沖縄」という言葉を使わなくなりつつある。「オール沖縄」が終焉《しゅうえん》へと向かっているのは、誰の目にも明らかだ。

「県政史上の汚点」

県議選直後の取材で、玉城は「オール沖縄」が後世でどのような評価を受けるか、明確に答えなかった。しかし長年「オール沖縄」を取材してきた私は自分なりに、一つの確信を持っている。後世の歴史家はこう断罪する。「現実の問題より反基地イデオロギーを優先させ、沖縄振興を10年間遅らせた県政史上の汚点」

基地負担の軽減を訴え、米軍絡みの事件・事故に抗議し、沖縄への脅威を減らすため近隣諸国に平和外交を呼び掛ける――という玉城県政の方向性が間違っているとは言わない。だが、その行動を貫く理念が、硬直化した反基地イデオロギーになったことが間違いなのだ。

政治が反基地イデオロギー色を帯びれば、すべての振る舞いが本来の意図とは違う意味を持つようになる。やることなすことが裏目に出てしまう。翁長・玉城県政の10年、2人の知事は自らの県政を「民主主義」「人権」「平和」などといった美辞麗句で彩ったが、政治は結果責任が問われる。

翁長・玉城県政で県民生活は良くなったのか。日本、沖縄の安全保障は盤石になったのか。答えは明らかだ。そして「オール沖縄」の最重要問題である普天間飛行場はいまだに1ミリも動いていない。県政や基地反対派が辺野古移設を妨害するために頑張れば頑張るほど、普天間飛行場の撤去が遅れ、宜野湾市民が危険に晒され続けるという皮肉な現実がある。

「オール沖縄」が沖縄にもたらしたメリットはごく少ない。だが、そのかわり後世に貴重な歴史の教訓を残したとも言える。日本の中央政界も自公が国会で過半数を割るなど流動化しているが、将来、左派イデオロギーに立脚する政権が誕生した場合、日本がどのような進路をたどるのか、沖縄はいわば格好の実験台だ。沖縄県民、日本国民が10年もの歳月を犠牲にして学んだ将来への指針を、決して無にしてはならないと私は思う。

それは一言に尽きる。「反基地イデオロギーは破綻した」

あとがき

第二次大戦中の１９４４年8月22日、前日沖縄本島の那覇港を出港し、長崎県に向かった疎開船「対馬丸」が鹿児島県・悪石島周辺海域で米潜水艦に撃沈された。疎開児童７８４人を含む約１５００人が死亡。日本の戦史に残る悲劇「対馬丸事件」である。

私は沖縄の日本復帰翌年に当たる１９７３年の生まれだが、自分は対馬丸事件の「生き残り」という感覚を常に抱き続けている。なぜなら対馬丸の撃沈当時、近くを航行していた別の疎開船に、当時11歳だった私の母、仲新城ミヨ子が乗っていたからだ。

この船は8月18日、母の出身地である宮古島の平良港を出港し、宮崎県に向かった「大徳丸」だと思われる。母は「朝、大人たちが『近くにいた船が撃沈された』と言っていたよ。あとから考えると、あれが対馬丸だったと思うさー」と繰り返し語った。その経験もあってか、噛んで含めるように「戦争だけは、やってはだめ」と平和の尊さを力説するのが常だった。

対馬丸の近くにいた母は、間一髪で死を回避した。もしも母が海の藻屑《もくず》になっていれば、当然私も生まれていない。私が記者になり「どうすれば沖縄の平和を守れるのか」と安全保障問題を追い続けたのは、母の影響だったのかも知れない。

沖縄戦では約20万人の犠牲者が出た。県民の4人に1人が死亡したとされる。私の身近に戦死者はいないが、対馬丸事件を通じ、戦争は私の人生にも一抹の影を落としている。

日本と沖縄をこよなく愛し、誰に対しても優しく明るかった母は2023年6月18日、89歳で死去した。この本は、まさに母の一周忌に書き始められた。

記者生活は四半世紀に及ぶ。取材で尖閣諸島周辺海域に向かった際は、傍若無人に領海侵入した中国艦船が、私の乗る漁船に向かって突進してくる光景を目撃した。

中国が与那国島、波照間島周辺に弾道ミサイルを撃ち込んだ直後には、住民の不安と怒りの声をじかに耳にした。抑止力なくして県民の生命や安全は守れないという信念は、私の実体験に裏打ちされている。

2014年、突如として「オール沖縄」が誕生した。この運動の担い手たちは「基地のない平和な沖縄」という、国際社会の現状を考えれば空虚なスローガンのもと、沖縄と本土の離間策を仕掛け、絶えず県民に「日本は沖縄の故郷ではない」と囁《ささや》きかけているように感じた。

「悪夢のような民主党政権」ならぬ「悪夢のような反基地イデオロギー県政」は、驚くべきことに、もう10年続いている。だが非現実的な政策のオンパレードゆえに行き詰まり、2024年の県議選を境に、その命脈はまさに尽きようとしていた。

しかし同年10月27日の衆院選で、石破茂首相が率いる自公連立政権の与党は過半数を割り込み、少数与党に転落した。政局は一気に流動化し、日本は不確実、不安定な時代に突入した。

野党第一党の立憲民主党などは、公約で米軍普天間飛行場の辺野古移設中止を掲げている。仮に政権交代が起こり、野党中心の新政権が誕生すれば、着々と進んできた移設作業が見直されるかも知れない。そうなれば「オール沖縄」に新たなエネルギーが注入されることになる。

「オール沖縄」は現に県政を掌握しており、県内主要メディアから強力な支援を受けている。今でこそ消滅寸前だが、この運動をアシストする政権が誕生すれば、たちまちのうちに息を吹き返す。その時こそ「オール沖縄」は、本土と沖縄の分断を加速させ、日本の外交、安全保障を揺るがす巨大なモンスターとして立ち現れるかも知れない。

私がそんな懸念を口にすると、多くの人たちが「お前の考えは誤解だ」と怒りに燃えて反論してくることは分かっている。大切なのは客観的な事実の積み重ねの上に、この運動の本質を理解することだ。

「オール沖縄」運動をどう解釈するか、その人の主義主張によって変わるのは当然だ。私の人生にとっての至上の価値とは、日本の平和、繁栄、自由、そして民主主義である。八重山日報の記者として「オール沖縄」を取材した10年、その視点は一貫している。

八重山日報の舵取り役になった島尻昇は「感謝と報恩」「調和と協調」をモットーに掲げた。日本という素晴らしい国で得難い生を与えてくれた運命への報恩とは、私の人生にとっての至上の価値を守り抜くことだと思っている。

令和7年3月　仲新城誠

●著者プロフィール

仲新城 誠（なかしんじょう・まこと）

八重山日報論説主幹

1973年、沖縄県石垣市生まれ。琉球大学卒業後、99年に地方紙「八重山日報社」に入社。2010年、同社編集長に就任。現在、同社論説主幹。著書に『「軍神」を忘れた沖縄』（閣文社）、『翁長知事と沖縄メディア　「反日・親中」タッグの暴走』（産経新聞出版）、『偏向の沖縄で「第三の新聞」を発行する』（同）など。

反日・反米・親中権力
オール沖縄 崩壊の真実

令和7年4月18日　第1刷発行

著　　者　仲新城 誠
発 行 者　赤堀 正卓
発 行 所　株式会社 産経新聞出版
〒100-8077 東京都千代田区大手町1-7-2
産経新聞社8階
電話03-3242-9930　FAX 03-3243-0573
発　　売　日本工業新聞社
電話03-3243-0571（書籍営業）
印刷・製本　株式会社広済堂ネクスト

ISBN978-4-8191-1452-3　C0095